스매싱

| 아이디어가 막힐 때 돌파하는 힘 |

스매싱
Smashing

정상수 글·그림

해냄

오늘도 '아이디어' 때문에
밤잠을 설치는 당신에게

학생들을 강의실 한쪽 벽에 한 줄로 세우고, 종이비행기를 만들라고 한 적이 있었다. 비행기를 다 접고 나면 방을 가로질러 맞은편 벽을 향해 날리게 했다. 벽과 벽 사이는 약 6미터 정도 되는 거리였다. 학생들은 열심히 각양각색의 비행기를 접었지만, 대부분 그렇게 멀리 날 수 있는 것들이 아니어서 날아가는 도중에 아래로 곤두박질치기가 일쑤였다.

그러면 나는 이렇게 말하곤 했다. "좋아요, 여러분. 여러분은 이제 장거리 종이비행기 날리기 세계 챔피언이 어떻게 하는지를 보시게 됩니다." 그러고는 공책 한 장을 똘똘 뭉쳐서 골프공만 한 크기로 만든 다음, 맞은편 벽에다 언더 핸드로 던졌다. 성공이었다. 누가 종이비행기는 꼭 비행기처럼 보여야 한다고 말했는가?

- 잭 포스터 저, 정상수 역, 『아이디어 모드』

그렇습니다. 게임에는 룰이 있지만, 아이디어 세계에는 룰이 없습니다. 오직 데드라인만 있습니다. 그래서 좋습니다. 또 아이디어 세계에는 '원래 그래!'라는 말이 없습니다. '누가 그래?'라는 말만 있습니다. 그래서 더욱 좋습니다.

저는 오랫동안 광고대행사의 크리에이티브 디렉터로 일했습니다. 그래서 아이디어를 좋아합니다. 아이디어 내는 일은 힘들지만 늘 쾌감이 따르거든요. 세상에 존재하지 않았던 무언가를 지어내는 것은 정말 신나는 일입니다. 별것 아닌데 칭찬까지 받으면 더욱 잘해보려고 밤 늦도록 집에도 가지 않습니다.

그러나 가끔 긴장이 되기도 합니다. '아이디어'라는 단어가 주는 엄숙함 때문입니다. 지난 20여 년 동안 정체를 알 수 없는 그 단어 때문에 무수히 많은 밤을 한숨과 함께 지새웠던 기억을 지울 수가 없습니다. 그렇다고 공포심을 느낀 것은 아닙니다. 그냥 쉽지 않을 뿐입니다.

그럭저럭 꽤 괜찮은 아이디어를 내고도 조금이라도 더 좋은 아이디어를 찾아보기 위해 한 번 더 생각합니다. 씻고 잠자리에 누워서도 한 번 더 생각합니다. 다음 날 아침 아이디어를 발표하기 직전에 다시 한 번 생각합니다. 발표를 마치고 아이디어를 성공적으로 판 뒤에도 한 번 더 생각합니다. 그 아이디어를 방송에서 접할 때 다시 한 번 생각합니다. 오래전, 신도리코의 기업 광고 카피가 기억납니다.

"전문가는 한 번 더 생각하고 그만큼 앞서갑니다."

그렇습니다. 어느 분야에서나 아이디어의 전문가가 필요한 때입니다. 우리나라처럼 선진국에 진입하려는 입장에서는 더욱 그렇습니다. 세계적인 경쟁력을 자랑하는 영국 이매지네이션(Imagination)의 랠프 아딜 사장은 "미래는 아이디어가 유일한 국제통화가 되는 매혹적인 곳이다"라고 말했습니다. 무서운 이야기입니다. 국가 간에 달러화나 엔화 대신 이제 아이디어로 싸운다는 것이지요.

그래서 알량하지만 제가 20여 년 동안 광고회사에서 크리에이티브 일을 하며 수많은 동료들과 광고주에게 얻은 아이디어 이야기를 여러분과 공유하려 합니다. 내용을 요약하자면 '광고 크리에이티브에서 배운 아이디어와 설득에 대한 지혜' 쯤 되겠지요.

아시다시피 광고는 짧습니다. 그래서 하고 싶은 이야기를 최대한 응축하여 전달해야 합니다. 그러므로 광고에 사용되는 압축 기술과 슬기로운 전달 기술을 갖다 쓰면 당신의 아이디어가 한결 돋보일 것입니다. 어디서 무슨 일을 하든 아이디어를 내야 한다면 한번 읽어보기 바랍니다. 아울러 아이디어를 상대에게 파는 방법을 얻으려는 분들에게도 일독을 권합니다.

틈 날 때마다 메모해 둔 아이디어 이야기가 책의 꼴을 갖추게끔 만들어준 분들에게 감사의 말씀 전합니다. 졸고를 채택해 준 해냄출판사의 송영석 사장님, 기획부터 출판까지 좋은 파트너 역할을 해준 이혜진 편집장, 저와 함께 광고 크리에이티브 일을 했던 회사 동료들과 광고주들, 함께 강의하는 교수님들, 수업을 함께한 학생들, 모친 김옥금 여사, 아내 이은순, 딸 정민영에게 특별한 감사의 마음을 전합니다.

Have a creative day!

2010년 1월
정상수

CONTENTS

1장 Creative Thinking
당신의 아이디어를 웃게 하라

1장

Creative Thinking

당신의 아이디어를 웃게 하라

01 착한 아이디어는 무시당한다, 미친 아이디어를 내라

> 누구나 자기들의 생활에 흥분을 불러일으
> 켜 줄 약간의 위험을 원한다네.
> 나는 이것만은 확신할 수 있어. 인간이란
> 본능적으로 지나친 안전을 싫어한다는 걸.
> —아가사 크리스티, 『커튼』

아침마다 습관적으로 30분씩 늦게 사무실에 나타나는 카피라이터가 있었다. 참다 못해 오늘은 한 번쯤 주의를 주기로 마음 먹었다. 그런데 그녀는 매우 민감한 성격이라 대놓고 야단을 치면 금세 눈물을 쏟는다. 좀 돌려서 야단을 치고 싶은데 별 아이디어가 떠오르지 않아 그냥 툭 말을 던졌다.

"이 카피, 이런 말 알지? 일찍 일어나는 새가……."

"아, 예. 일찍 잡아먹히죠."

큰맘 먹고 한마디 했다가 보기 좋게 한 방 먹었다. 그녀가 옳다. 세상의 모든 새가 일찍 일어날 필요는 없다. 늦게 자는 새도 많으니까.

많은 사람들의 선망의 대상이 되는 의사를 떠올려보자. 분명 그는 학창 시절 내내 우등상을 받았을 것이다. 하지만 인기상은 받지 못했을 것이다. 모범생은 지루하기 때문이다. '바른 생활 사나이'는 믿음직하지만 재미가 없다.

더 이상 잘하는 것만으로는 부족하다. 잘하되 색다르게 해야 인정받는 시대다. 지나치게 규정과 법칙에 얽매이면 사고가 경직된다. 앞뒤가 꼭 맞지 않는 아이디어가 더 재미있다. 남들이 다 아는 평범한 진리도 조금 비틀어 바라보니 재미있는 아이디어가 된다는 것을 그녀에게서 배웠다.

삐딱한 시선을 담아라

세계적인 광고영화제 수상작들을 모아 연구해보았더니, 모든 수상작들에서 한 가지 공통점을 발견할 수 있었다. 모두들 R.O.I.라는 세 가지 조건을 갖추고 있었던 것이다. R은 Relevance(광고하려는 브랜드와의 연관성), O는 Originality(표현의 독창성), I는 Impact(충격적 요소)다. 그런데 커뮤니케이션의 고수인 심사위원들은 또 하나의 I가 필요하다고 말한다. 그 I가 바로 '불손함'을 뜻하는 Irreverence다.

아이디어에 약간의 '불손함', 즉 인생에 대한 삐딱한 시선을 담고 있어야 사람들이 공감한다는 것이다. 어쩌면 우리 마음속 한구석에는 그런 불손함이 하나씩 자리 잡고 있는지도 모른다. 교육과 자기수양에 의해 겉으로 드러내지 않을 뿐이지, 불손함을 만나면 누구나 본능적으로 쾌감을 느낀다. 현실 세계에서 매사에 삐딱하게 굴면 사람들에게 손가락질 당하니까 마음속으로 대리만족을 느끼는 것일 수도 있다.

사람들은 드라마에 아무런 갈등요소나 반전이 없으면 지루해 한다. 뉴스에 사건사고 소식은 하나도 없이 아름다운 이야기만 매일 나온다면? 드라마의 모든 등장인물들이 매일 저녁 착한 행동만 한다면? 너무도 좋은 이야기만 담아 전혀 신경 쓰이지 않는 광고가 매일 쏟아진다면? 세상은 아름다워지겠지만, 재미는 없을 것이다.

일본의 어느 크리에이티브 디렉터는 "인생은 성실하게만 살기에는 지루하다"라고 말했다. 위험한 행동은 가끔 문제를 일으키지만, 위험한 생각을 해보는 것은 그리 문제 될 게 없지 않은가? 아인슈타인도 "지식보다 상상력이 더욱 중요하다"라고 말했다.

회의실 안에 있는 사람들이 다 아는 얘기를 내가 군이 할 필요가 없다. 다른 얘기를 하자. 비난받을 각오를 하고 문제를 삐딱하게 바라보자. 지금까지 아무도 내지 않았던 아이디어가 오늘 내 머리에서 나올 확률이 갑자기 높아질 것이다.

착한 아이디어는 무시당한다. 그러므로 아이디어를 낼 때는 기성개념과 대립되는 발상이 필요하다. 일본의 세계적인 광고대행사인 덴츠의 전 크리에이티브 디렉터 구보 아카시도 같은 조언을 한다. 그는 커뮤니케이션의 본질 속에 원래부터 '비(非)'라는 기호가 들어 있다고 말한다. 그가 말하는 '비'는 부정적인 의미의 부(不)가 아니라 '비일상, 비현실, 비상식, 비합리' 등을 이야기할 때 쓰는 개념이다. 메시지를 받아들이는 쪽은 원래 자신의 욕망에 의해 딴생각을 하고 있기 때문에 반드시 '비'를 넣어야 아이디어를 팔 수 있다는 것이다.

구보 아카시는 덴츠가 거둔 대표적인 성공 사례로 산토리 브랜디와 한 카메라, 도요타의 크라운 광고를 든다.

브랜디의 기성개념은 유럽 귀족들이 저녁시간에 여유롭게 한잔 마시는 것이었다. 대표적인 브랜디로 코냑을 들 수 있는데, 코냑은 잔의 5분 1 정도 따라 양손으로 잔을 감싸 쥐고 증발되는 향기를 음미하며 천천히 마시는 술이다. 알코올 도수가 위스키만큼 높으니 부담 없이 마시기가 어렵다. 그런데 산토리는 "이제 브랜디를 물에 타서 마시자"라는 발상의 전환을 통해 브랜디를 대중화시켜 대성공을 거두었다.

또한 카메라를 스포츠용품처럼 쓰도록 제안한 캠페인도 성공했다. 요즘은 휴대전화에도 카메라가 달려 있어 카메라를 그다지 귀하게 다루진 않지만, 예전에는 가정의 귀중품 목록으로 손꼽히는 물건이었다. 너무나도 귀한 물건이라 소풍날이나 졸업식날 한 번씩 쓰고는 대개 장롱 안에 모셔 두곤 했다.

일본 역시 이러한 풍토가 우리와 다르지 않았나 보다. "나의 카메라는 라켓이다"라는 헤드라인을 통해, 더 이상 모셔두지 말고 스포츠용품처럼 편하게 쓰자고 접근함으로써 귀중품으로 취급받던 카메라 시장을 확대했다.

도요타의 크라운은 2,000cc급 고급차로 회사 고위간부들이나 타는 '검정색 차'라는 게 일반인들의 생각이었다. 그런데 과감하게 '하얀 크라운' 캠페인을 전개하여 보통 사람들도 부담 없이 타게 만들었다.

아이디어에 이런 도전성이 없으면 투명인간처럼 그 존재를 인정받지 못한다. 제품에 대한 도전, 시장에 대한 도전, 사회에 대한 도전이 반드시 필요하다.

사람들은 미친 아이디어에 관심을 보인다

칠레에서 만들어 호평을 받은 광고 한 편을 보자. 권투 경기의 포스터가 비주얼이다. 그러나 자세히 보면 두 선수 간의 균형이 맞지 않는다. 왼쪽 선수는 커다란 체격의 어른이고, 오른쪽 선수는 겁에 질린 소녀다. 이 둘이 대결을 한다고?

그런데 다시 보면 크게 적힌 둘의 이름이 똑같다. 둘 다 헤르난데즈다. 아, 그건 성이고, 남자 이름은 후안, 소녀 이름은 안젤리카다. 광고 우측 상단에는 월요일부터 일요일까지 매일 연중 경기가 진행된다고 적혀 있다.

아하! 이쯤 되면 답이 나온다. 매일 아빠가 딸을 때리는 '일방적 경기'라는 것을 알게 된다. 엄숙하고 진지한 주제를 설교조로 풀지 않아 오히려 쉽게 공감할 수 있게 만든다. 칠레 국립아동학대방지기구의 광고다.

데이비드 오길비의 말대로 재미없는 아이디어는 깜깜한 밤에 항해하는 배처럼 아무도 모르는 사이에 우리 곁을 지나가버린다. 그러니 미친 아이디어를 내야 한다. 본인이 봐도 이상한 아이디어를 내라. 그래야 사람들이 반응한다. 채택이 되든 되지 않든 신경 쓰지 마라.

어떤 아이디어가 떠올랐다면 망설이지 말고 말하라. 괜히 말했다가 지적 능력과 상황 파악 능력을 의심받을까 봐 걱정되는가? 비난을 두려워하지 마라. 어차피 남의 아이디어를 좋아하는 사람은 없다.

당신을 비난하는 사람은 당신이 자기보다 더 좋은 아이디어를 낼까 봐 걱정하거나 질투하고 있는 것인지도 모른다. 또 마음속으로는 자기도 그런 엉뚱하고 엽기적인 생각을 갖고 있는데, 체면이나 주위의 시선 때문에 망설이고 있을 수도 있다. 그때를 틈타 먼저 발표하라. 용감한 자가 미인을 얻는다.

물론 여기에는 약간의 모험심이 필요하다. 비즈니스 세계는 앞뒤가 딱딱 맞아야 받아들여지기 때문이다. 누구나 바른 말을 해야 한다. 그래야 똑똑하게 보일 수 있다. 그리고 입증된 것만 말해야 한다. 아니면 믿지 않는다. 입증되지 않았으니까.

그러나 세상 모든 일이 그렇게 자로 잰 듯 앞뒤가 맞던가? 지나친 합리주의를 경계하라. 예술작품만큼 빛날 수 있었던 아이디어가 합리주의에 밀려 자취도 없이 사라지는 일이 허다하다.

가끔은 이성만큼 중요한 감성을 확실히 살려주자. 세상에는 숫자로 계량화되지 않는 것들이 존재한다. 측정하기는 어렵지만, 엄청난 파괴력을 보이는 것들이 분명히 있다. 섣부른 직관을 믿다가 큰 코 다치는 경우도 많지만 때로는 직관이 예기치 못한 기쁨을 선사한다. 브랜드도 강하게 만들어주고, 나도 강하게 만들어준다. 어차피 천재와 천치는 종이 한 장 차이다.

덴츠의 잘나가는 크리에이티브 디렉터들이 사용하는
지금 당장 써먹을 수 있는
좋은 아이디어 내는 방법 4가지

1 빗대어 말하라

특히 눈에 보이지 않는 형이상학적 아이디어를 표현
하려면 이 방법이 효과적이다. 메시지를 받는 사람
이 무슨 말인지 놓치지 않으려고 긴장하면서 자기도
적극적으로 시각화하기 때문이다. 예를 들어 '맛있
는 커피'라는 말보다는 '커피계의 나이키'라고 말하
면 감정이입이 훨씬 쉬워진다.

2 아이디어는 부딪쳐야 한다

서로 다른 2가지를 접합해야 아이디어로 쳐준다는 뜻이다.
세상 여러 분야에서 크로스오버가 뜨고, 퓨전이 유행인 이
유와도 통한다. 국악과 재즈의 접합은 이제 더 이상 뉴스거
리가 아니다. 비발디가 25현 가야금을 위해 〈사계〉를 작곡
한 적은 없지만, 우리는 〈사계〉를 가야금으로 즐기고 있다.

3 궁금증을 일으켜라

연인끼리도 서로 다 보여주면 재미없다. 다 알면 만나고 싶지 않아지니까. 아이디어 역시 마찬가지다. 아이디어를 너무 친절하게 설명하면 아무도 주의를 기울이지 않는다. 좀 감추어야 궁금해 한다. 그래야 내 페이스로 들어온다. 만일 검색엔진의 헤드라인에 모든 내용을 다 넣는다면 누가 기사 본문을 읽겠는가?

4 반전을 이용하라

아이디어를 설명할 때 'A인 줄 알았는데 B더라' 공식을 활용해 보라. 사람들이 끝까지 재미있어 한다. 재미를 느꼈다는 것은 관심이 있다는 것이다. 그러면 그다음 접근이 쉬워진다. 영화 〈디 아워스〉에는 귀신이 나올 듯 나올 듯하면서 1시간 반 이상 나오지 않는다. 바로 주인공들이 귀신이기 때문! 반전이 강한 할리우드 영화의 구성을 배우면 재미있는 아이디어를 낼 수 있다. 〈메멘토〉나 〈유주얼 서스펙트〉, 〈프라이멀 피어〉, 〈식스 센스〉 등은 다시 봐도 재미있다.

여기에 하나 더 추가한다면 역설(paradox)

역설은 아이디어의 기본이다. 잘 쓰면 늘 효과를 발휘한다. 하고 싶은 말을 정한 다음 거꾸로 말해 보라. 의도적으로 그렇게 하라. 그래야 위험하다. 그러면 반응이 온다. 오늘 발표할 아이디어가 충분히 위험한가? 모두를 놀라게 할 만큼? 모범생의 아이디어는 누구도 들으려 하지 않는다는 것을 기억하자.

01 착한 아이디어는 무시당한다, 미친 아이디어를 내라

02 머릿속에만 있으면 아이디어가 아니다, 내려놓아라

CREATIVE POWER

> 작가가 되고 싶다면 2가지 일을 반드시 해야 한다. 많이 읽고 많이 쓰는 것이다. 이 2가지를 피해갈 수 있는 방법은 없다. 지름길도 없다.
>
> —스티븐 킹

희선은 다른 대학을 2년간 다니다가 예술에 뜻을 품고 우리 과에 편입해 우리와 함께 연극을 했다. 그녀가 소극장에 첫발을 들여놓는 순간 우리는 약속이라도 한 듯 저절로 연습을 멈추었다. 너무 예쁜 그녀에게서 도저히 눈을 뗄 수 없었기 때문이다. 어두운 극장이 환하게 밝아지는 듯했다.

마침 비어 있던 젊은 어머니 역할이 그녀에게 돌아갔다. 그녀는 연기 경험이 전혀 없었지만 아무도 불평하지 않았다. 매우 이례적인 일이었다. 『설득의 심리학』에 나오는 '호감의 법칙'이 작용한 것이다.

게다가 그녀는 매우 신비로웠다. 온지도 모르게 조용히 왔다가 연습이 끝나면 사라지곤 했다. 대사 이외에는 말도 거의 없었다. 입만 열면 닫을 줄 모르는 시끄러운 우리와는 전혀 달랐다. 상대역을 맡은 친구가 아무리 짓궂은 농담을 던져도 입가에 그저 은은한 미소만 띄울 뿐이었다.

마치 아무나 범접할 수 없는 보호막이 그녀를 둘러싸고 있는 듯했다. 모두들 그녀를 좋아했지만 가까이 가기 어려워했다.

그해 여름은 그렇게 지나갔다. 모두 열심히 연습했고 공연은 대성공이었다. 그러던 어느 날 한 친구가 물었다.

"희선이 못 봤니? 요즘 안 보이던데."

"그러고 보니 공연 끝나고 한 번도 못 봤네."

후배 여학생이 끼어들었다.

"미국 갔어요."

"미국?"

"복학생 선배와 결혼해서 갑자기 떠나게 됐대요."

충격이었다. 군대 갔다 오자마자 복학을 한 그 선배는 산적 같은 용모에 친구도 없이 늘 혼자 다니던 내세울 것 없는 인물이었다. 희선에게 첫눈에 반한 그 선배가 청혼을 했고, 두 사람은 결혼해 함께 미국으로 가 그곳에서 햄버거 장사를 한단다.

결국 희선은 그리 신비하지도 않았고, 범접하기 어려운 친구도 아니었다. "용감한 자가 미인을 얻는다"라는 사실을 셰익스피어는 어떻게 알았을까? 후회막급의 심정으로 한 친구가 "내가 햄버거 장사보다 더 행복하게 해줄 수 있었는데……"라며 중얼거린다.

한 방에 내놓으려다가 늘 한 방 먼저 맞는다

TV에 새로 나온 광고를 볼 때마다 작은 한숨과 함께 나도 모르게 튀어나오는 말이 있다. "아, 내가 했으면 좋았을 것을……." 사실 이 말이 아이디어에 대한 정의다. '내가 바로 조금 전까지 생각하고 있었는데, 누군가가 먼저 발표한 것'이 바로 아이디어다. 그래서 인생은 타이밍이다. 완벽하게 준비해서 한 방에 내놓으려다가 늘 한 방 먼저 맞는다. 간발의 차이로 시기를 놓친다.

'이런 것도 아이디어가 될까?'라는 생각 때문에 꽃도 피워보지 못한 채 스러져간 아이디어들을 생각하면 너무 아깝다. 그러는 찰나 누군가가 내 아이디어와 똑같은 것을 발표할 줄이야.

우리는 김치가 아니다. 완벽하게 숙성이 될 때까지 기다리지 말자. 숙성시키다가 유통기한 지나면 썩어서 버리게 된다. 렘브란트에게 어떻게 하면 그림을 잘 그릴 수 있느냐고 묻자 "지금 그리세요"라고 대답했다고 한다. 지나치게 재지 말고 좋은 생각이 떠오르면 곧장 실천에 옮겨라. 어차피 인생은 저지르는 자의 몫이다. "우물쭈물하다가 내 이렇게 될 줄 알았어"라는 오스카 와일드의 묘비명을 기억하자.

광고회사에서도 누군가 제일 먼저 흰 종이에 무언가 적기 시작하면 모두들 그것을 놓고 왈가왈부하기 시작한다. 하지만 그렇게 비난하며 비평하는 가운데 희미했던 아이디어가 구체화된다. 그래서 종이에 한 단어라도 먼저 적은 사람이 전체를 이끌어가게 되는 것이다.

동료들이 머뭇거릴 때 내가 먼저 매 맞는 전략을 이용하자. 왜? 사람들은 본능적으로 다른 사람의 아이디어를 부정하면서도 먼저 발표했기 때문에 거기에 머리가 사로잡혀 따라올 수밖에 없다.

아이디어는 이미 당신 안에 있다, 캐내라

"소설을 써라, 소설을 써."

광고계에 들어온 지 얼마 안 되던 초기 시절 이야기다. 며칠간 잠 못 자며 준비한 TV광고 아이디어를 실감나게 열심히 설명하는 내 귀에 들어온 부장님의 느닷없는 말씀. 회의실에 있던 모든 이들의 눈이 아래로 깔렸다. 과연 내가 대형 광고대행사에 경력사원으로 들어올 자격이 있느냐는 표정이었다. '왜들 그러지? 소설이 나쁜 건가?'라는 의문이 생겼지만, 곧 이유를 깨달았다. 나는 소설을 쓸 것이 아니라 30초짜리 광고 아이디어를 내야 했던 것이다.

다음 순서로 아트디렉터가 아이디어를 발표했다. '흥, 저게 뭐야? 내가 한 이야기와 똑같군. 그래, 내 얘기가 바로 그 얘기야'라고 속으로 생각하는 순간, 모두들 그게 좋겠다고 한다. '아니, 이럴 수가 있나? 왜 내가 이야기할 때는 소설이라더니, 똑같은 얘기를 저 친구가 하니까 좋다는 거지?'

이유는 간단했다. 그는 명료하게 요점만 이야기하고 자리에 앉았던 것이다. 잠시 쉬는 시간에 복도로 나와, 아이디어도 제대로 못 내니 출근한 첫 주에 그만두게 생겼다며 한숨을 푹푹 내쉬고 있는데 선배가 다가왔다. "이거 한 번 읽어봐."

우리는 너무도 자주 겁을 먹는다.

할 수 없을 것이라고 겁을 먹는다.

희망 속에 공포심을 심는다.

그렇다고 하고 싶으면서 아니라고 한다.

소리치고 싶지만 숨죽이고 앉아 있다.

그러면서도 입 다물고 있어야 할 때는

다른 사람들에게 소리친다.

왜 그러는가?

결국 인생은 한 번인데.

두려워할 시간이 정말로 없다.

이제 그러지 마라.

지금까지 한 번도 하지 않은 일을 해보라.

위험을 감수하라.

철인삼종 경기에 나가보라.

편집자에게 편지를 보내보라.

월급인상을 요구하라.

TV를 던져버려라.

자전거로 전국을 일주해 보라.

봅슬레이를 타보라.

무엇이든 시도해 보라.

말이 통하지 않는 나라를 여행해 보라.

특허를 내라.

그녀에게 전화하라.

어차피 잃을 것은 하나도 없다.

모든 걸, 모든 걸, 모든 걸 얻을 뿐이다.

그러니 지금 하라(Just Do It).

– 미국 나이키 잡지 광고 카피

아이디어 내는 일을 두려워하지 마라. 아이디어의 정의를 알면 자신감이 생긴다. 미국의 전설적인 카피라이터 제임스 웹 영은 "아이디어란 이론적으로는 아무것도 아니다. 그저 원래 있던 요소들을 결합하면 되는 것이다"라고 말했다. 나만의 눈을 통해 의외의 조합을 만들면 되는 것이다. 그러므로 나는 아이디어를 잘 낸다는 배짱을 가지면 답이 보이기 시작한다.

헝가리 출신의 영국 언론인이자 소설가인 아서 케스틀러(Arthur Koestler)도 같은 이야기를 했다. "어떤 문제가 해결 가능한 것이라고 생각하면 이미 경기의 반을 이긴 것이나 다름없다."

아이디어 쉽게 내는 비결 9가지

아이디어는 이미 당신 안에 있다. 그것을 캐내기만 하면 된다. 배짱을 가지고 발표하라. 아이디어는 배짱이다. 기 싸움이다. 액션으로 옮겨라. 먼저, 내가 아이디어 하나는 정말 끝내주게 잘 낸다고 생각하라. 반대로, 죽을 때까지 내 머리에서 완벽한 아이디어는 나오지 않을 것이라고도 생각하라.

'아, 내가 할걸' 하고 아쉬워하며 잘한 사람 박수만 쳐주다가 늙는다. 아이디어 비즈니스에서 과묵한 것은 미덕이 아니다. 간직하지 말고 터뜨려라.

광고 아이디어 대신 소설을 써서 망신당한 이후 20여 년간 여러 선배, 동료들에게 배운 '아이디어 쉽게 내는 9가지 비결'을 소개한다.

모방하기

유럽의 박물관에 가면 명작 앞에 버젓이 캔버스 세워놓고 따라 그리는 예비화가들이 있다. 우리도 말을 배울 때, 걷는 방법을 배울 때 그러지 않았는가? 처음부터 백지를 멋지게 채우기란 쉽지 않다. 다른 사람의 아이디어를 그대로 베끼다시피 옮겨본 다음 내 시각으로 조금 바꾸어보라.

다만 남의 아이디어를 그대로 베끼면 도둑으로 몰리므로 조심해야 한다. 베끼다 들켜서 "남이 하면 표절, 내가 하면 벤치마킹"이라고 변명해도 소용없으니까.

브레인스토밍을 최초로 고안해 냈으며, 미국의 대형 광고회사인 바텐 바튼 다스틴 앤드 오스본 사장을 지낸 알렉스 오스본(Alex Osborn)은 "거의 모든 아이디어는 다른 아이디어에서 차례차례로 태어나는 의붓자식들이다"라고 말했다.

문제를 다른 식으로 바꿔보기

"현명한 질문 속에 현명한 대답이 있다"라는 말이 있다. 아이디어가 잘 나오지 않는다면, 문제를 다른 식으로 바꾸어보라. 의외로 쉽게 좋은 아이디어를 얻을 수 있다. "어떻게 하면 야근을 하지 않을 수 있지?"라는 문제는 "어떻게 하면 6시까지 이 일을 마칠 수 있지?"라고 바꾸어보라. 금세 여러 가지 답이 떠오를 것이다.

내가 대단하다고 생각하기

두려움은 아이디어의 적이다. 다른 사람들을 의식할 필요 없다. 내가 아이디어를 제일 잘 낸다는 자기암시를 걸어라. 사람은 생각하는 대로 된다. 조금만 뻔뻔해지면 나도 모르는 사이에 정말 좋은 아이디어를 내게 된다.

시시한 아이디어 내보기

처음부터 "신이시여, 정녕 이 아이디어를 제가 냈단 말입니까?"라며 눈물을 뚝뚝 흘릴 아이디어를 낼 수 있는 사람은 없다. 정말 유치하고 한심한 아이디어라도 내라. 그러다가 생각이 더 떠오르지 않으면 과감히 접고, 다음 날 아침에 그 아이디어들을 펴봐라. 그때 봐도 여전히 유치하면 적어도 그것보다는 낫게 할 수 있다는 배짱이 생길 것이다. 그 순간 떠오르는 아이디어를 적어보라. 썩 괜찮다는 느낌이 들 것이다.

낙서하기

두 눈이 충혈될 때까지 인터넷을 검색하고, 빈 파워포인트 슬라이드 화면을 노려봤자 아이디어는 나오지 않는다. 손을 사용하라. 이면지에 낙서하라. 쉴 새 없이 그리고 적어라. 마인드맵을 그려보라.

글쓰기 공부하기

언어가 사고를 지배한다. 떠오른 아이디어는 어차피 글로 적게 된다. 아무리 비주얼 시대라지만, 복잡다단한 인간의 사상과 감정은 그림만으로는 자세하게 표현하기 어렵다. 글로 자세히 적어야 한다. 이태준의 『문장강화』를 다시 읽어보라. 앤 라모트의 『글쓰기 수업』, 나탈리 골드버그의 『뼛속까지 내려가서 써라』, 딘 쿤츠의 『베스트셀러 소설 이렇게 써

때로는 상투적인 표현도 필요해!

라』, 윌리엄 스트렁크의 『영어 글쓰기의 기본』 등을 한번 챙겨 읽어보라.

상투적인 표현에서 시작하기

문학에서는 '틀에 박힌 상투적인 표현'을 뜻하는 '클리셰(cliché)'를 피하라고 가르친다. 그러나 이는 때로 매우 유용하고 편리하다. 패러디를 만들 수 있는 지름길이기 때문이다. 일단 상투적인 표현을 하라. 2초 안에 프랑스 파리를 가장 빨리 표현하려면 에펠탑을 보여주는 것이 가장 쉽다.

상투적이라고 반드시 외면할 필요가 있는가? 그런 다음 그것을 의도적으로 뒤집어보라. 재미있는 표현이 나올 수 있다.

장소를 바꿔보기

사무실이나 회의실에서 아이디어가 나오지 않으면 펜과 종이를 들고 밖으로 나가라. 노트북도 좋다. 카페는 아이디어 내기 좋은 장소 중 하나다. 확실히 커피와 아이디어는 절친한 친구다. 물론 약간의 술과 아이디어도 친한 친구다.

근처에 백화점이나 쇼핑몰이 있다면 금상첨화다. 지나가는 사람들을 살펴보라. 누가 무엇을 사는가, 사지 않는가, 누가 누구를 만나는가, 연인들은 어떤 속도로 걸어 다니는가? 생동감이 살아 넘치는 훌륭한 장면들을 만날 수 있다.

즐거운 마음 갖기

아이디어 내는 일은 쉽지 않다. 그러므로 의식적으로 마음 상태를

02 머릿속에만 있으면 아이디어가 아니다, 내려놓아라

즐겁게 만들 필요가 있다. '나는 지금 즐거운 일을 하고 있다. 내가 아이디어를 내면 모두들 즐거워할 것이다'라고 마음먹어라. 그러려면 내가 먼저 즐거워야 한다.

▌바로 그 문제 속에 답이 있다

다른 사람들이 나보다 아이디어를 항상 잘 내는 것처럼 보이는가? 그들은 아이디어가 이미 그들 안에 있다는 것을 '알고 있기' 때문에 그런 것이다. 문제가 있다면 반드시 답도 있다. 원래 문제와 답은 한 세트다. 알고 보면 질문 속에 이미 답이 들어 있는 경우가 많다.

유럽 어느 마을에 성당이 없었다. 마을 사람들이 몇 달 동안 힘을 모아 성당을 지었다. 드디어 완공되어 성대한 기념식을 했다. 시장까지 와서 연설을 해주었지만, 마을 사람들의 얼굴은 어두웠다. 곁에서 보면 멋진 모습이었지만, 성당 안으로 들어가면 아무것도 보이지 않을 정도로 어두웠기 때문이다. 모두들 그 문제로 고민하고 있는데, 한 소년이 망치를 들고 와 벽돌 몇 개를 내리쳤다. 순간, 광명의 빛이 성당 안으로 들어왔다.

문제 안에 답이 있다. 문제를 제대로 포착하는 순간 답이 자동으로 튀어나오는 것이다. 방이 어두운 것이 문제인가? 창을 내라. 마감일인데 아이디어가 떠오르지 않는가? 마감일을 늦추어라. 불가능한가? 그럼 그만두고 다른 일을 하라.

갖다 붙이면 새로운 아이디어가 나온다

재미있는 아이디어를 만드는 방법은 어렵지 않다. 무에서 유를 창조하는 거라 생각하며 지레 겁먹을 필요도 없다. 일단 서로 다른 2가지를 나만의 새로운 시각으로 갖다 붙이면 된다. 원래 아이디어의 속성이 '하이브리드(hybrid)'이기 때문이다. 물론 그 둘의 관계가 멀수록 재미있어진다. 즉 엉뚱한 것끼리 붙여야 주의를 끌 수 있다.

캘리포니아 건포도가 우리나라에 처음 들어왔을 때 다들 먹는 방법을 잘 몰라 기껏해야 맥주 안주나 스낵으로 집어먹는 게 고작이었다. 물론 아무렇게나 먹으면 되는 것이지만. 게다가 건포도는 당도가 높아 집어먹으면 손가락이 끈끈해져 먹기가 영 불편했다.

그러던 어느 날, 캘리포니아건포도협회가 획기적인 캠페인을 시작했다. 광고를 통해 백설기에 검은콩 대신 건포도를 넣어 먹어보라는 제안을 한 것이다.

백설기 비주얼에 카피가 한 줄 들어간 광고다.

"캘리포니아 건포도로 요리에 마술을 걸어보세요!"

그것이 백설기와 건포도가 만나 하나가 된 하이브리드 아이디어다. 지금은 건포도가 요리의 국적과 상관없이 아무 데나 다 들어간다. 그러나 그 이전까지는 아무도 전통 떡에 서양 건포도를 넣을 생각을 감히 하지 못했던 것이다.

모토로라의 슬로건은 '헬로 모토'다. 수차례의 치열한 경쟁 프레젠테이션을 거쳐 오길비앤매더가 전 세계 광고대행을 맡게 됐다. 물론 한두 명의 아이디어로 이긴 것은 아니다. 전 세계 지사에서 무려 100명의 기획자와 크리에이티브 디렉터가 한데 모여 머리를 부딪치며 만든 하이브리드 아이디어로 성공한 것이다.

아이디어 국가대표들이 밥 먹는 시간 빼고 계속 모여 몇 달간 회의를 했다. 하지만 경쟁 날짜는 다가오는데 뚜렷한 콘셉트나 슬로건을 만들어내지 못하고 있었다. 그런데 누군가가 혼잣말로 나지막하게 중얼거리듯 "헬로 모토" 하고 내뱉었다.

"누구지?" 뉴욕의 크리에이티브 디렉터가 물었다. 그 말을 한 사람은 대만의 크리에이티브 디렉터였다. 그게 무슨 의미냐고 묻자, 대만에서는 '모토로라'를 줄여 '모토'라고 부른다는 것이었다.

영어로는 보통 '모토로라'를 '모로로라'라는 식으로 발음하는데 '모토'라고 또박또박 발음하니 신기하게 들렸던 것이다. 다들 그게 재미있겠다고 만장일치로 결정했다.

지금 새로운 아이디어를 내야 하는가? 주위를 둘러보라. 갖다 붙일 서로 다른 2가지가 있나 살펴보라. 그 둘을 붙여보라. 셋이 있다면 셋을 붙여보라. 생각지도 않았던 새로운 조합이 나온다. 하이브리드 아이디어가 나온다.

아이디어를 글로 옮겨라

길을 가다 아이디어가 떠오르면 당신은 어떻게 하는가? 어떤 사람은 종이에 적을 것이고, 종이가 없으면 손바닥에 적을 것이다. 휴대전화로 녹음해 두는 사람도 있을 것이다. 혹은 휴대전화 카메라로 아이디어 대상을 찍어두거나 그림으로 그려두는 방법도 있다.

그런데 의외로 많은 사람들이 자신의 아이디어를 글로 적는 일을 두려워한다. 말로는 곧잘 설명하다가도 적어보라고 하면 지레 겁을 낸다. 이것이 기회다. 먼저 적어두자. 누군가를 설득하려면 머릿속에서만 맴돌거나 혀끝에서 나올락 말락 하는 생각을 글로 적어야 한다.

투자자를 설득하고 싶다면, 취업 면접을 잘 보고 싶다면, 이성에게 잘 보이고 싶다면 생각을 글로 적어야 한다. 억울한 일이 생겨 고소를 하려 해도 내 억울한 사정을 글로 실감나게 적어야 이긴다. 더 이상 마음에 들지 않는 물건을 경매 사이트에 올려 처분할 때도 글을 잘 써야 잘 팔리는 시대다.

우선, 마음에 드는 작은 수첩부터 하나 사자. 이왕이면 줄이 없는 것이 좋겠다. 줄만 보면 무의식적으로 줄 맞출 생각부터 든다. 펜도 하나 새로 준비하자. 한국인의 영원한 스테디셀러 모나미153 볼펜도 잘 나오지만, 마음에 드는 비싼 펜 하나 사는 것이 큰 사치는 아니다.

꼭 신춘문예를 통해 등단해야만 작가가 되는 것은 아니다. 아이디어를 종이에 내려놓는 사람이 작가가 된다. 하얀 눈이 검은 머리카락을 다 덮을 때까지 구상만 하는 것은 옳지 않다.

앤 라모트에게 배우는 글쓰기 지혜

앤 라모트는 『글쓰기 수업』에서 "어느 시점에 가서는 실제로 의자에 앉아서 글을 쓰는 것 그 자체가 제일 중요하다"라고 말한다. 그 책의 원제목은 『Bird by Bird』인데, '한 단어씩'이라는 뜻의 'Word by Word'를 비틀어 표현했다. 많은 사람들이 좋은 생각을 갖고 있으면서도 어떻게 시작할지 몰라 엄두를 내지 못한다. 날아가는 새 떼를 보고 글을 쓴다면 한꺼번에 덤비지 말고, 한 마리씩 한 마리씩 보고 쓰는 게 비결이다. 영화 〈주유소습격사건〉에서 패싸움이 벌어지자 유오성이 싸움의 지혜를 전해준다. "난 끝까지 한 놈만 패!"

1 작게 시작하라

처음 글쓰기를 시작할 때는 마치 1인치짜리의 작은 액자를 통해서 바라볼 수 있는 것만큼만 글로 옮겨라. 남한산성에 대해 글을 쓰기는 어려워도 산성의 벽돌 한 장에 대해 쓰라면 자신이 붙게 마련이다.

2 무조건 써내려가라

잘 쓰려고 애쓰지 말고 일단 써라. 초고는 마음속에 있는 것을 종이 위에 '내려놓는 작업'이다. 다 쓰고 나서 읽어봤더니 괜찮은 것이 한 문장밖에 없을 수도 있다. 그러나 양이 질을 담보하는 법이다. 무조건 많이 써야 한다.

3 맘껏 실수하라

완벽주의는 창의성과 생명력을 막아버려 글을 망친다. 맘껏 휘갈겨 쓰고 얼마든지 실수를 저질러라. 종이를 많이 없애라.

4 직관대로 써라

내면에서 들려오는 작은 목소리에 귀를 기울여라. 생각하고 느끼는 대로 따지지 말고 무조건 쓰고 본다.

5 남의 의견을 들어라

현실적이고, 솔직하고, 내게 도움을 줄 만한 사람들에게 글을 보여주고 의견을 교환하라.

6 편지를 써라

무엇을 써야 할지 모를 때는 편지 형식으로 자신의 역사를 써보라. 편지니까 형식 같은 것에 구애받지 않고 자신 있게 쓸 수 있다.

7 문제를 다른 각도에서 바라보라

글이 잘 안 써져서 불안한가? 그런 때는 무엇이든 써서 종이 한 장을 메우는 것이 중요하다. 쓰려고 하는 주제와 상관없는 어떤 내용이라도 300단어 정도 써보라.

8 어린 시절에 대해 써라

주제가 잡히지 않는다면, 어린 시절을 한번 생각해 보라. 갖가지 기억이 새록새록 떠오를 것이다. 생각에 생각이 꼬리를 물고 이어질 것이다. 그것을 글로 옮겨보라.

03 차별화하지 못하면 죽는다, 'ditto'는 싫어!

사람들은 타인과 달라지려고 필사적으로 노력한다. 동시에 타인과 같아지기를 필사적으로 원한다. 모순일까?
그렇다. 인간행동의 모순이다.

—핼 스티븐스

원래 나의 꿈은 멋진 TV광고를 찍는 감독이었다. 그래서 광고대행사에 들어갔다. 그런데 광고를 찍기는커녕 낮과 밤을 가리지 않고 아이디어만 내라고 했다. 알고 보니 광고대행사의 플래너는 아이디어만 내고 그것을 광고주에게 팔아오면, 촬영은 외부 광고감독이 하는 것이었다. '앗, 잘못 들어왔다!' 고민이 시작됐다. 짬을 내어 당시 가장 잘나가는 원로감독을 찾아가 조언을 청했다.

"모두들 감독이 되는데, 저만 플래너로 남는 것 아닌가요?"
"모두들 그러니까 자네는 다르게 가는 게 낫지."

"네?"

"감독은 화려해 보이지만, 생명이 짧아. 그리고 지금 미국이나 일본에서는 플래너가 뜨는 추세야. 우리나라도 머지않아 그렇게 될 걸세. 게다가 좋아하는 일을 오래오래 할 수 있으니 더 좋지 않은가."

그분이 옳았다. 그분의 충고대로 다른 동료들과 다른 길로 갔더니 나는 확실하게 차별화되었다. 20여 년이 지난 지금, 당시 감독의 길을 간 동료들은 그 직함을 바닥에 슬그머니 내려놓은 지 이미 오래다. 잠깐의 전성기가 있었지만, 이젠 옛날 명함만이 감독이었던 희미한 흔적을 담고 있을 뿐이다.

안티 트렌드를 찾아라

강조하지 않아도 알겠지만 '다르게 하자'는 것은 마케팅의 출발점이며 궁극적인 목표다. 그래야 오래오래 살아남을 수 있다. 미국의 슈퍼마켓 한 곳에 진열된 브랜드 품목은 평균 4만 종이 넘는다고 한다. 그러나 한 가족에게 필요한 물품은 겨우 150여 종이다. 결국 슈퍼마켓에 진열된 나머지 3만 9,850종은 소비자로부터 버림을 받는 셈이다.

사람이든 제품이든 다른 사람들 눈에 뜨이는 방법을 연구해야 할 때다. 그런데 안타깝게도 많은 사람들이 유행에 뒤질세라 당장 '뜨고 있는' 트렌드만 열심히 조사해서 그대로 따라 한다. 수많은 패션 잡지들이 먹고사는 이유이기도 하다.

"〈섹스 앤 더 시티〉의 사라 제시카 파커가 들었던 핸드백", "앞서가는 남성들이 꼭 챙겨야 할 기즈모" 등등의 헤드라인을 보면 사실 마음이 움직이기도 한다. 그러나 '트렌드'로 소개됐을 시점에는 이미 다른 트렌드가 떠오르고 있다는 사실을 명심하자. 반드시 '안티 트렌드'를 찾아볼 일이다.

2007년 칸느광고제에서 유니레버의 도브가 그랑프리를 받았다. 전통적으로 칸느광고제에서는 영상이 뛰어나고, 유머와 위트가 돋보이는 아이디어가 대상을 받아왔는데, 관례를 뒤엎고 기발한 아이디어가 가장 큰 상을 받은 것이다. 지금까지 당연하다고 생각해 온 트렌드에 맞서 안티 트렌드를 만든 공로다.

도브는 'real beauty' 캠페인을 벌여 안티 트렌드를 만들어냈다. 오랜 세월 주로 남성들의 시각을 바탕으로 만들어진 기존의 아름다움에 대한 정의를 부정하면서 진정한 아름다움은 외모가 아닌 내면에 있다는 것을 강조하였다.

96세 여성의 얼굴을 광고에 싣고는 '주름투성인가?' '멋진가?' 라고 묻는다. 놀랍게도 멋지다는 응답이 훨씬 많았다. 그리고 뚱뚱한 아기 엄마의 사진을 두고는 '뚱뚱한가?' '탁월한가?' 라고 묻는다. 이 질문 역시 동일한 결과가 나왔다.

여성은 아름다움을 추구한다. 그래서 부작용을 감수하면서 성형수술을 받고, 터무니없이 비싼 줄 알면서도 안티 에이징 화장품을 사기 위해 기꺼이 지갑을 연다. 그것이 트렌드다. 그러나 도브는 아름다움에 대한 여성들의 일반적이고 일방적인 정의에 도전함으로써 자신을 분명하게 차별하는 데 성공했다.

▌단절하라,
과거의 모든 것들과

세계적인 광고회사 TBWA에서는 '단절(disruption)' 전략을 쓴다. 나의 아이디어를 세상의 무수한 아이디어와 확실하게 차별화하려면 기존에 있던 모든 것과 단절해야 한다는 의미다. 이 회사는 전략기획서 양식부터 다른 회사와 차별화된다.

빈 종이 가운데 줄이 하나 그어져 있다. 너무나 단순하다. 윗칸에 브랜드의 현재 콘셉트를 적고, 아래 칸에는 위의 내용과 반대로 적는다. 누구나 전략을 세울 수 있다. 무조건 반대로 하면 되니까. 그것이 단절 전략이다.

차별화된 아이디어를 내는 일에도 단절 전략을 이용해 보자. 지금까지 하던 익숙한 생각과 의도적으로 이별하기가 쉽지는 않겠지만 반대로 하려고 노력해 보자. 그러면 의외로 아이디어가 쉽게 나온다.

'화장품은 비싸다'는 일반적인 인식에 맞서 저가 화장품으로 시장을 장악한 더페이스샵도 차별화된 전략을 잘 구사한 사례다. 더페이스샵은 미샤가 3,300원짜리 화장품으로 자리 잡은 시장에 '자연주의'라는 강력한 차별화 포인트를 내세우며 시장을 장악해 나갔다. '웰빙'이라는 시대적 트렌드를 저가 화장품에 접목해 싼 게 비지떡이라는 고정관념을 일소한 것이다.

또다른 차별화 포인트는 기존의 화장품 대리점과는 다른 매장 분위기였다. 어린 여학생들이 아무 경계심 없이 들어와 시제품을 마음대로 발라도 점원들이 절대로 간섭하지 않았다. 엄마나 언니 화장품을 몰래 발라 보았다가 야단맞은 경험을 한 번쯤은 갖고 있던 어린 여학생들에게 꽤 괜찮은 놀이터 공간을 제공한 것이다.

남성 화장품 모델을 내세운 것도 확실한 차별화 포인트가 되었다. 남성 모델을 기용하자는 것은 광고회사 오길비 측에서 낸 안이었다. 전례가 없던 일인지라 광고주 측에서는 반신반의했다.

사실 안을 낸 광고회사 역시 불안하기는 마찬가지였다. 하지만 첫 광고가 방송되자마자 더페이스샵의 남성 모델로 등장한 권상우는 사람들의 이목을 집중시켰고, 더페이스샵을 차별화된 여성 화장품 브랜드로 만드는 데 큰 기여를 했다.

조금 다른 이야기 같지만 더페이스샵의 창업자의 삶 또한 눈여겨볼 만하다. 성공에 이르기까지 그는 남들과 확실히 차별화된 인생을 살아왔다. 바나나 판매로 장사를 시작하였는데, 그때 차별화 전략을 배웠다고 한다.

바나나가 귀하던 시절, 오히려 트럭에 바나나를 싣고 음악을 틀어놓고 소리를 지르며 손님의 주의를 끌었다. 요즘이야 흔한 풍경이지만 당시에는 아무도 그렇게 하지 않았다. 그리고 바나나의 진열 각도에 따라 매출이 달라진다는 사실도 알게 되었다고 한다. 그때 얻은 노하우를 바탕으로 더페이스샵 매장에 배경음악도 크게 틀어두고, 대형

TV를 걸어놓고 광고를 하루 종일 틀어댄다. 나무 한 그루를 매장 한가운데 심어놓아 자연주의 콘셉트를 자연스레 강조한다.

나를 선택하도록 차별화 전략을 써라

아이디어를 차별화하려면 그만큼 나 자신도 남과 다른 무언가가 있어야 한다. 지구상의 수많은 브랜드 중 하나인 나를 차별화할 때도 한 방향으로 움직이는 무리와 다른 방향으로 가면 된다. 사람들은 기본적으로 안정지향적인 심리를 갖고 있어서 오래 고민하다가 결국에는 다수가 찾는 것을 선택한다. 그러면서 자신의 선택에 대해 실수를 하지 않았다고 안도감을 느낀다.

그러나 그 장면에서 한 발 빠져나올 필요가 있다. 같은 방향으로 달리고 있는 무리 속에서 인생이란 원래 이런 거라고 생각하며 맥없이 따라 달리고 있는 건 아닌가? "모난 돌이 정 맞는다"라는 이야기를 가슴 깊이 새기며 한 발도 트랙 밖으로 벗어나지 않으려고 발만 보며 달리고 있지는 않은가? 무리에 휩쓸려서 안심하며 지낼 것인가, 아니면 시각을 조금 비틀어서 다르게 가볼 것인가? 이왕이면 재미있는 길로 가보자.

세상의 모든 탑이 지면과 수평을 잘 맞추어 서 있을 때, 유독 이탈리아 피사의 사탑만 비스듬히 기울어져 서 있다. '사탑'이니까 기울어져 있다고? 아니다. 그 반대다. 탑을 만드는데 자꾸 기울어져서 보수에 보수를 거듭하다가 어느 시점에 그냥 놔두기로 한 것이다. 더 이상 기울지만 않게. 그래서 인기다. 세상의 모든 탑과 다르니까.

차별화하지 못하면…죽어라!

어느 증권회사 광고처럼 모두들 '예'라고 할 때 '아니오'라고 하면 더 재미있지 않겠는가? 약간의 위험은 예상되지만 남에게 깊은 인상을 줄 수 있다.

브랜드에 있어서나 우리 인생에 있어서나 '차별화'가 살 길이다. 세상에는 비슷한 것이 너무 많고, 좋은 것이 너무 많다. 그래서 그 속의 나도 선택되어야 한다. 인사담당자가, 거래처가, 투자자가, 면접 담당관이, 이성 친구가, 결혼정보회사가 나를 선택하게 해야 한다. 그러려면 무리와 달라야 한다. 그래야 숨어 있어도 잘 보이는 나만의 강한 브랜드 이미지가 만들어진다.

특히 첫인상이 중요하다. 한번 알려진 이미지는 중간에 바꾸기가 매우 어렵다. '초두효과'를 생각하자. 정보처리 과정에서 초기 정보가 후기 정보보다 훨씬 더 중요하게 작용한다는 의미다. 다시 말해서 처음에 들어온 정보는 나중에 들어오는 정보에 대한 해석지침을 제공한다.

그런데 아무리 첫인상이 좋았더라도 부정적인 정보를 접하면 쉽게 나쁜 쪽으로 바뀔 수 있다는 점에 유의해야 한다. 따라서 처음부터 일관된 나만의 차별화된 모습을 만들고 가꾸어야 한다.

나를 차별화시키는 가장 간단한 방법은 지금까지 자신이 어떻게 했는지 살펴보고, 그 반대로 행동하는 것이다. 지금 당장 자신을 돌아보고 실천해 보자. 분명 좋은 효과가 나타날 것이다.

잭 트라우트가 전해주는
10가지 차별화 전략

의식과 행동이 무리와 달라 차별화되면 사람들이 좋아한다. 자기와 다르다고 느끼기 때문에 재미있어 한다. 자기는 그럴 용기가 없어 부러워하기도 한다. 지금 나를 무리들과 다르게 할 뾰족한 방법이 떠오르는가? 방법이 떠오르지 않는다면 마케팅계의 거물 잭 트라우트가 『튀지 말고 차별화하라』에서 전하는 '차별화'에 필요한 소중한 지혜를 응용해 보자.

1 **포지셔닝을 확실하게 하라** 사람들에게 기억시킬 나만의 차별점 하나를 찾아라.

2 **원조가 돼라** 따라 하지 마라. 어느 분야나 최초의 것만 기억한다.

3 **뚜렷한 한 가지 속성을 찾아라** 경쟁자와 다른 장점 하나를 찾아라.

4 **선두가 돼라** 먼저 선두가 되고, 그 사실을 널리 알려라.

5 **전통을 앞세워라** 전통은 무시하지 못한다.

6 **전문성을 갖춰라** 경쟁자와 차별화하려면 전문적이어야 한다.

7 **선호도를 이용하라** 다른 사람을 따라 하려는 소비자 심리를 이용하라.

8 **생산과정을 차별화하라** 제품의 독특한 성분, 특별한 생산 방식을 널리 알려라.

9 **최신이 돼라** 얼리 어댑터까지는 아니더라도 새롭게 등장하는 기술과 정보들을 장착하라.

10 **입소문을 내라** 화제를 만들고 제3자의 입을 활용하여 널리 퍼뜨려라.

04 도대체 어디서 콘셉트를 찾을 것인가

CREATIVE POWER

> 주머니에 손을 넣고 성공이란 사다리를 올라갈 수는 없다.
>
> ―미국 속담

앨리스 : 여기서 어디로 가야 할지 좀 알려줄래?

체셔 캣 : 그건 네가 어디로 가고 싶은가에 달려 있지.

앨리스 : 어디든 별로 신경 쓰지 않아.

체셔 캣 : 그럼 어디로 가든 상관없겠네.

『이상한 나라의 앨리스』에 등장하는 한 대목이다. 정신 차리고 가다가도 길을 잃기 십상이다. 그러니 목적지도 정하지 않은 앨리스는 어디로 가야 할지 도무지 알 수가 없다.

일에는 무엇보다 '방향'이 필요하다. 그것이 '콘셉트'다. 한참 후에

"이 산이 아닌가베"라고 중얼거리며 방향을 바꾸더라도 방향은 처음부터 확실히 정해야 한다.

모르고 길을 떠났어도 간 만큼 이익이라고 생각하는 습관을 버리자. 이런 습관을 가진 사람은 콘셉트 잡겠다고 시간을 다 보내기는 불안하므로 갈 길에 대해 대충 넓게 이야기하고는 안개 속으로 운전해 들어간다. 그러고는 진행상황에 따라 궤도를 수정하기 일쑤다. '아이디어'라고 적힌 표지판이 나오기까지 안개 속을 주행하는 것이다. 아무리 바빠도 그런 위험한 주행은 하지 않는 편이 낫다.

처음에 콘셉트를 구체적으로 정해놓는다면 아이디어는 저절로 떠오른다. 그러므로 콘셉트를 먼저 잘 잡으면 안개가 걷히면서 길이 갑자기 또렷하게 보인다. 원래 아이디어와 콘셉트는 한 몸이다. 아이디어를 내기 전에 우선 콘셉트에 집중하는 버릇부터 키우자.

뉴올리언스 대학 비즈니스 스쿨 교수로 20년간 재직한 마이클 르뵈프는 『평생 고객을 만드는 방법(How to Win Customers and Keep Them for Life)』에서 다음과 같은 글을 실었다. 물건을 판매할 때 중요한 콘셉트가 무엇인지 잘 보여준다.

내게 옷을 팔려고 하지 마세요.
좋은 인상, 멋진 스타일, 매혹적인 외모를 팔아주세요.

내게 보험 상품을 팔려고 하지 마세요.
마음의 평화와 내 가족과 나를 위한 위대한 미래를 팔아주세요.
내게 집을 팔 생각은 마세요.

안락함과 만족, 되팔 때의 이익과 소유해서 얻는 자부심을 팔아주세요.

내게 책을 팔려고요?
대신 즐거운 시간과 유익한 지식을 팔아주세요.

내게 장난감을 팔려고 하지 마세요.
그 대신 내 아이들에게 즐거운 순간을 팔아주세요.

내게 컴퓨터를 팔 생각은 하지 마세요.
기적 같은 기술이 줄 수 있는 즐거움과 이익을 팔아주세요.

내게 타이어를 팔려고 하지 마세요.
기름 덜 들고, 걱정에서 쉽게 벗어날 수 있는 자유를 팔아주세요.

내게 비행기 티켓을 팔려고 하지 마세요.
목적지에 빠르고 안전하게, 정시에 도착할 수 있는 약속을 팔아주세요.

내게 물건을 팔려고 하지 마세요.
꿈과 느낌과 자부심과 일상생활의 행복을 팔아주세요.

제발 내게
물건을 팔려고 하지 마세요.

누가 봐도 좋은 건 좋은 것이다

OB라거의 신제품 맥주를 위한 경쟁 프레젠테이션을 준비하는 회의 중. 문에는 '작전회의실 – 관계자 외 절대 출입금지'라는 팻말이 붙어 있다.

기획담당 : 이런 거 어때? '신선함'. 전통도 있고 동양 최대 규모의 공장도 있지만 결국 우리가 내세울 건 '신선함' 밖에 없잖아.

카피라이터 : 아니, 신선하지 않은 제품이 세상에 어디 있어? 누가 신선하지 않은 걸 팔겠냐고?

아트디렉터 : 그리고 그건 경쟁사가 이미 이야기하던데. 뒷북이야, 뒷북.

기획담당 : 아, 그러니까 선수들에게 맡겼지. 잘 좀 표현해 봐. 똑같은 콘셉트라도 어떻게 이야기하는가에 따라 확 달라지잖아.

카피라이터 : 약해, 약해! 그거 갖고는 경쟁 프레젠테이션에서 못 이겨.

아트디렉터 : 맞아, 바로 떨어지지. 아, 좀 아이디어가 팍팍 나올 수 있게 상상력을 발휘해 봐.

기획담당 : 그건 네가 할 일이지. 아무튼 '신선함'으로 가. 내가 책임질게!

회의 결과 크리에이티브팀은 '신선함'이라는 콘셉트를 받아 아이디어를 내기 시작한다. 그러나 절대로 그 단어를 광고에 직접 쓰지 않으려고 노력한다. 바로 여기에 힌트가 있다.

광고는 '빗대어 말하기'다. 절대 직격탄을 쏘지 않는다. 광고에서 "이거 정말 신선해요. 팔아주세요!"라고 말하면 누가 듣겠는가? 이는 회사 생활뿐만 아니라 연애를 할 때도 마찬가지다. 다짜고짜로 "결혼 합시다"라고 해서 성공할 수도 있지만, 이왕이면 돌려 말하는 것이 듣는 이의 마음을 해치지 않는다.

월드컵 경기가 한창이던 시절, "남일아, 네 애는 내가 낳는다!"라는 피켓을 들고 응원하던 여중생은 이미 그런 기술을 익히고 있던 셈이다.

그런데 일주일이 지나도 좋은 아이디어가 나오지 않는다. '혹시 아이디어가 아니라 콘셉트에 문제가 있는 건 아닐까? 방향을 틀어보면 더 좋은 생각이 날지 몰라.'

그래서 오길비 아시아태평양 지역 전략 플래너인 마크 블레어가 서울에 오기로 했다. 마크는 영국인이다. 졸업석차 1퍼센트 이내로 옥스퍼드 대학을 졸업했다고 한다. 학교 성적과 콘셉트 찾는 실력은 별개일 터이므로 우리는 큰 기대를 하지 않았다.

그런데 마크는 날카로웠다. 한국에는 태어나서 처음 왔다는데 조사 자료 내용을 열심히 살펴보더니 우리나라 맥주시장 상황을 금세 파악했다. 경쟁사의 브랜드가 언제 출시됐는지, 그것이 왜 성공했는지, 우리가 맡은 브랜드는 왜 지금 어려움에 처해 있는지 등을 족집게처럼 집어냈다.

'이것 봐라. 좀 하는데. 옥스퍼드를 대충 다닌 건 아닌 것 같군.' 그러나 거기까지는 조금만 똑똑하면 누구나 할 수 있다. 과연 그는 우리 모두가 헤매고 있는 콘셉트를 어디서 찾을 것인가?

Other people Know me better.

마크와 우리나라 사람들의 맥주 주문 습관에 대해 이야기를 나누던 중 갑자기 마크가 목소리를 높였다.

마크 : 잠깐. 한국인들은 어떻게 주문한다고?

나　 : 보통 "여기 맥주 세 병만 주세요!"라고 하지. 우리나라 사람들은 홀수로 주문하는 습관이 있거든.

마크 : 그다음엔?

나　 : 그냥 "시원한 걸로 주세요"라고 하지.

마크 : 무슨 브랜드로 달라고 안 해?

나　 : 그러는 사람도 있지. 하지만 우리나라 맥주는 그게 그거야. 아무거나 시켜도 맛이 비슷비슷하거든.

마크 : 바로 그거야!

나　 : 뭐?

마크 : '아무거나?'

　새로운 발견이었다. 그동안 우리나라 맥주광고 캠페인에서 아무도 생각하지 않았던 방향이었고 콘셉트였다. '신선한 맛'에서 '이젠 아무거나 달라고 하지 마세요!'라는 콘셉트로 급히 수정! 슬로건도 바로 나왔다. '아무거나?'

　따지기 좋아하는 이들은 콘셉트와 슬로건은 다르게 만들어야 한다고 주장하기도 한다. 그러나 누가 봐도 좋은 건 좋은 것이다. 이 경우 굳이 슬로건을 따로 만들어서 콘셉트의 중심을 흐트러지게 할 필요가 없다.

▌한 가지만 강조하라

　콘셉트를 설정할 때 반드시 지켜야 할 불문율이 있다. No 'and!' 절대로 '순수하고, 부드러운' 브랜드라고 말하지 말자. 공을 한 번에 여러 개 던지면 제아무리 유능한 포수라도 하나밖에 잡지 못한다.

콘셉트는 짧을수록 좋다. 가장 좋은 것은 'OW콘셉트'다. 이른바 '한 단어(One Word) 콘셉트'다. 어차피 사람들은 하나밖에 기억하지 못한다. 그것도 슬기롭게 말해서 잘 받아들여졌을 때의 이야기다.

한 단어로 생각을 정리할 수 있어야 나중에 성공해서 인터뷰라도 할 때 "나는 이렇게 싸웠다"라고 자신 있게 대답할 수 있다.

세계 유명 브랜드의 콘셉트를 살펴보면 금방 이해가 된다. 시대에 따라 조금씩 변화하지만, 볼보 자동차의 콘셉트는 '안전', 아이보리 비누는 '99.44% 순수', 할리데이비슨 오토바이는 '자유'다.

세상의 모든 자동차 중에서 꼭 볼보만 안전한 것은 아닐진대, 오랫동안 그렇게 강력한 단일 콘셉트를 관리해 왔기 때문에 사람들은 이제 볼보를 안전의 대명사라고 여긴다. 만일 볼보가 '안전하고, 스타일이 뛰어나며, 적정한 가격'의 자동차라는 콘셉트를 이야기해 왔다면 사람들은 분명 그 3가지 속성을 기억하지 못할 것이다.

콘셉트가 모호할 때 활용하면 도움이 되는 11가지 방법

도대체 어디서 콘셉트를 찾을 수 있을까? 론 카츠의 『광고와 마케팅 체크리스트(*Advertising & Marketing Checklists*)』에 힌트가 있다. 콘셉트가 모호해서 아이디어가 잘 풀리지 않을 경우 활용하면 도움이 된다.

1 **사용하는 사람의 유형에서 찾는다** '많은 사람들이' '유명 인사들이' '전문가들이' '선택된 소수의 사람들이' 쓴다고 하면 믿음이 간다.

2 **사용 방법에서 찾는다** '함께 쓰면 좋은' '누구에게 줄' 제품이라고 말해 본다.

3 **제품의 제조 방법에서 찾는다** '유기적으로 만든' '순금으로 만든' 제품이라는 사실을 밝히면 좋다.

4 **놀라운 사실에서 찾는다** 예를 들어 '파텍 필립 시계는 1년에 딱 5,000개만 수공으로 만든다'라고 광고한다.

5 **가격 특성에서 찾는다** '더욱 비싼' '가장 저렴한' '더 값어치 있는' '할인된' 제품이라고 표현하면 눈에 띈다.

6 **이미지 특성에서 찾는다** '고급의' '가치 있는' '이국적인' '스타일이 뛰어난' 제품이라고 표현하면 끌린다.

7 **심리적 만족감에서 찾는다** '목마름을 해소해 주는' '성적으로 돋보이게 하는' '사회적 지위를 나타내는' 제품이라고 하면 관심을 갖게 된다.

8 **제품의 전통에서 찾는다** '옛날 맛 그대로' '1801년에 창립된' '회사의 창립자가 유명한' 제품이라고 하면 어쩐지 신뢰가 생긴다.

9 **안 쓰면 불편하다는 점에서 찾는다** '다칠 수 있으니까' '어떻게 안 쓸 수가 있지?'라고 하면 '나만 모르나?' 하는 느낌을 갖게 된다.

10 **직접 비교에서 찾는다** 두 제품을 비교하여 우리 것이 훨씬 낫다는 것을 알리면 질투심 때문에 관심을 갖게 된다.

11 **가치 있는 뉴스에서 찾는다** '새로 나온' '더욱 개선된' '탄생 몇 주년 된' 제품이라는 점을 알리면 호기심이 생긴다.

위의 11가지 안에 없다면 내 이야기를 듣는 상대방이 되어보자. 그래서 이 브랜드를 고르면 '내게 무슨 득이 되지?'라는 질문을 스스로에게 던져본다. 그러면 분명한 콘셉트가 나온다. 사려고 하는 제품이나 서비스가 단돈 1,000원짜리일지라도 반드시 이득을 따지는 것이 사람들의 심리다. 그것을 '소비자 혜택'이라고도 한다. 즉 고객의 입장에서 콘셉트를 찾아야 한다.

05

성공 아이디어의 3박자-1

기억에 남을 진한 스토리를 발굴하라

CREATIVE POWER

> 나는 책의 처음 절반을 읽은 다음에 나머지 절반의 줄거리를 생각해 본다.
>
> —버나드 쇼

우리는 본능적으로 이야기를 좋아한다. 연극과 무용은 '이야기'를 좋아하는 본능에서 나왔다고 한다. 돌로 동물을 직접 잡아먹던 선사시대, 낮에 한 건 해낸 사람은 밤에 모닥불을 피워놓고 가족과 동네 사람들에게 무용담을 전했다. 그런 이야기 본능이 지금까지 이어져온다.

그래서인지 모였다 하면 이야기꽃을 피운다. 유명 연예인의 일거수일투족부터 시작해서, 최근 인기가 높은 드라마 얘기며, 현안에 대한 사회 정치 얘기까지. 다들 아는 것도 많고 궁금한 것도 많다. 뻔한 설정이라느니 막장 드라마라니 욕하면서도 한 회라도 못 보면 "어떻게 됐대?"라며 주변사람들에게 묻는다. '다시 보기'가 없던 시절에는 어떻게 살았을까?

이야기꾼이 되어라

사람들은 정말 궁금한 게 많다. 바로 그런 본능을 활용하여 마케터들은 쉴 새 없이 '입소문'을 만들어 사람들의 관심을 끌려고 노력한다. 일단 관심을 끌었다 하면 그 이야기는 순식간에 전 세계로 퍼지니까. 이제는 다들 이야기에 중독되어 이야기가 들어 있지 않은 음식은 먹기 심심하고, 이야기가 없는 핸드백은 뭔가 부족해 보여 들고 다니기도 싫을 지경이다.

지금은 이야기를 살려야 할 때다. 이야기가 아이디어인 시대다. 재미있는 스토리는 쾌감을 준다. "맞아, 맞아"라는 소리를 바로 이끌어낸다. 그러니 훌륭한 아이디어맨이 되려고 한다면 무엇보다 능수능란한 이야기꾼 기질을 갖추어야 한다. 재미있게 말 잘하는 사람이 분위기를 유도하게 마련이다.

그러려면 머릿속에 엄청난 콘텐츠가 들어 있어야 한다. 그래야 필요할 때 반사적으로 꺼내 쓸 수 있다.

누군가 먼저 이야기를 시작하면 사람들은 대부분 그냥 따라 온다. 다른 이들에게 딱히 들려줄 이야기도 없거니와, 대세에 지장이 없으면 떠드는 사람이 계속하라는 심리다. 바로 그 순간을 이용하라. 자연스럽게 주도권을 잡을 수 있다. 그런데 기왕 주도적으로 이야기를 들려주게 됐다면, 떠들어도 좋다고 양보해 준 이들의 기대에 어긋나면 곤란하다.

듣는 이의 허를 찔러라

어떤 이야기를 하든 '기승전결' 구성을 염두에 둬라. 국어시간에 배운 '발단 - 전개 - 위기 - 절정 - 결말'도 기억하라. 이는 언제나 유용하다.

그러나 모든 이야기를 그 순서대로만 풀어나가면 반응을 얻기 어렵다. 이야기를 시작하는 순간, 듣는 이도 긴장하여 다음에 어떻게 될 것인지를 부지런히 예측하며 따라 오기 때문이다. 듣는 이가 말하는 이보다 훨씬 앞질러갈 때도 있다. 그러니 긴장의 끈을 놓지 마라. 듣는 이들과의 게임을 시작할 순간이다.

변칙을 생각하라. 의외의 결말을 구상하라. 배신감을 느낄 정도로 마지막을 뒤집어라. 듣는 이가 예측한 것보다 조금 빨리 또는 조금 늦게 끝내버려도 좋다. 그래야 반전을 만들 수 있고 듣는 이의 허를 찌르는 이야기를 만들 수 있다.

몇 가지 간단한 유형을 생각해 보자.

A유형 : 기본 구성

- 요즘 직원들의 지각이 늘고 있다. (기)
- 인사부에서 주의를 주어도 지각은 계속된다. (승)
- 급여에서 벌금을 차감한다. 일찍 오는 사람에게 그 돈을 준다. (전)
- 사람들은 새벽부터 사무실에 나온다. (결)

B유형 : 결론 먼저

- 동트는 새벽의 사무실. 모두 나와 일하고 있다. (결)

- 직원들의 급여에서 지각 벌금을 차감하고 지급한다. (전)

C유형 : 반전 먼저

- 급여명세서를 보며 소리 지르는 직원들. "진짜로 벌금을 떼어갔네!" (전)
- 모두 일그러진 표정으로 새벽부터 나와 일한다. (결)

B유형과 C유형은 방송광고처럼 짧은 시간 내에 이야기를 전하고 싶을 때나 듣는 이의 성격이 매우 급할 때 쓰면 유용하다. 특별히 여유가 많을 때를 제외하고는 답부터 먼저 제시하라.

이야기가 끝날 때까지 기다리지 못하는 사람들이 많다. 누가 시켜서 그러는 것도 아닌데 세상은 점점 빠른 속도로 돌아간다. 우리나라는 특히 더 빨리 돌아간다.

"알아, 알아!"라는 반응을 경계하라. 높은 사람일수록 바쁜 사람일수록 귀찮아한다. 긴 이야기를 싫어한다. 서론이 20초 이상 걸리면 귀를 닫기 일쑤다.

'이야기를 이제 막 시작했는데, 그동안 한 번도 정리하지 않던 서류들을 정리한다. 듣는 척하면서 컴퓨터 모니터로 눈길이 슬그머니 돌아간다. 오른손은 어느새 마우스를 쥐고 손목운동을 시작한다.' 이런 행동을 보인다면 내 이야기를 들어줄 확률 0퍼센트.

이럴 때는 2가지 방법밖에 없다. 들어달라고 소리를 지르거나, 퇴장인사를 하고 얼른 자리로 돌아가라. 혹시 약간의 기회가 남아 있는 것 같으면 재빨리 결론을 말하고 다음 기회를 노려라.

이야기와 플롯의 차이를 구분하라

이야기의 구성과 플롯을 배워라. 글로 쓰건, 말로 하건 원리는 똑같다. 소설가 E. M. 포스터는『소설의 이해 (*Aspects of the Novel*)』에서 이야기와 플롯의 차이를 다음과 같이 설명했다.

"왕이 죽었다. 왕비도 죽었다"라고 하면 이야기다.

"왕이 죽자 슬픔에 못 이겨 왕비도 죽었다"라고 하면 플롯이다.

"왕이 죽은 후 얼마 지나지 않아 왕비도 죽었다. 아무도 그 이유를 몰랐다. 왕이 죽어 슬퍼서 그랬다는 것을 알게 됐다"라고 하면 신비감이 있어 고도로 발전시킬 수 있는 형식이다.

다시 말해서 이야기가 사건이 일어난 시간의 순서대로 적은 기록이라면, 플롯은 필요한 사건을 선택하거나 순서를 바꾸기도 하는 계획이다. 듣는 사람은 '어째서' 그런 일이 일어나는지 알고 싶어 한다. 그러므로 플롯을 잘 짜서 듣는 이의 심리를 잘 요리하면 주의를 끝까지 집중시킬 수 있다.

플롯을 짜는 규칙은 따로 없다. 하지만 반드시 잊지 말아야 할 게 있다. '반전'이다. 반전을 활용하여 이야기를 구성하면 반드시 반응이 온다. 반전은 재미(fun)다. 이야기 구성의 필수요소다. 가뜩이나 재미있는 게 넘치는 세상에 재미없는 이야기를 누가 들겠는가? 왜 들겠는가?

유머러스하거나 코믹한 것만 재미는 아니다. 재미는 어디에서든 느낄 수 있다. 상대에 따라 적절한 이야기를 찾으면 된다. 아무리 애써도 이야기가 재미없다면 말하는 방법을 연구하라. 성대모사라도 해서 관심을 얻어라.

글로 써야 한다면 폰트부터 신경 쓰라. 글자의 색깔이나 크기만 살짝 조정해도 재미를 줄 수 있다. 파워포인트를 사용하여 발표한다면, 움직이는 비주얼을 조금 넣거나 멀티미디어 걸기를 이용하여 시청각에 호소하라.

공연 날까지 재미있는 소재를 생각해 내지 못한 한 개그맨이 무대에 올라가면서 일부러 넘어졌다. 순간 장내를 뒤덮는 웃음소리. 박수 소리. 관객은 그의 플롯 안으로 자연스럽게 빨려 들어갔다. 별것 없이도 그날 공연은 대성공. 순발력 뛰어난 즉흥 플롯의 승리였다.

세상은 타이밍이다. 수없이 이어지는 선택의 순간, 나의 모든 지식과 경험, 판단력, 배짱을 총동원하여 결정해야 한다. 훈련을 거듭하면 직관이 작용하여 거의 반사적으로 뛰어난 판단을 할 수 있다.

다 아는 이야기에 갈등요소를 추가하라

일단 이야기를 준비했다면 반드시 시험해 본다. 동료들에게, 친구들에게 이야기를 들려주고 반응을 살펴보자. 아침 신문에 이미 나왔거나 인터넷에 떠도는 이야기는 절대 하지 마라. 그런 건 누구나 다 아는 이야기니까.

매번 새 이야기를 찾기가 쉽지 않을 것이다. 그렇다면 옛날 것을 각색하든지, 외국 이야기를 소개해 보라. 이야기의 근본은 다 같다. 지구 상에 다루지 않은 소재가 있겠는가? 누군가 미리 생각하지 않은 것이 어디 있겠는가?

팝송에는 'love'라는 단어가 얼마나 많이 나오는가? 올 한 해 동안 결혼을 소재로 한 영화는 또 얼마나 많은가? 그러나 이미 있던 이야기도 내 눈으로 새롭게 보면 재미있어진다.

재미있는 이야기들에는 한 가지 공통요소를 가지고 있다는 사실을 간과해서는 안 된다. 바로 '갈등'이다. 사람들이 드라마에서 눈을 떼지 못하는 이유는 갈등이 들어 있기 때문이다. 그래야 이야기를 끝까지 들어준다.

자, 이쯤 되면 이야기를 만드는 데 조금 자신이 생겼을 것이다. 겁먹을 필요 없다. 세상에 이미 널려 있는 다 아는 이야기에 갈등요소를 추가하여 새롭게 이야기하는 기술을 익히자.

아, 그때 그 이야기만 알았더라도

외국 광고주와 식사를 하거나 술자리를 가질 때면 늘 긴장된다. 영어를 못 알아들을까 봐 걱정되고, 모르는 이야기가 나올까 봐 걱정된다.

저녁에 만나면 가볍게 와인 정도의 술을 마시면서 대화를 많이 나눈다. 그래서 낮보다 저녁 회의 때 더 중요한 이야기가 나오기도 한다. 그렇기 때문에 외국 광고주와 만날 때는 우선 다양한 이야깃거리를 준비해야 한다. 그리고 자리가 파할 때까지 전체 대화의 스토리텔링에 신경을 많이 써야 한다. 플롯을 잘 짜야 지루하지 않게 대화가 진행된다.

광고 이야기에서 시작한 이야기는 음식, 와인, 세계 정치, 역사, 스포츠 스타, 외환 이야기 등으로 꼬리에 꼬리를 물고 이어진다. 혹시라도 대화가 단절되는 기미가 보이면 재빨리 개입하여 이야기를 이어주어야 한다. 서로 이야기를 나누다가 갑자기 동시에 멈추어 정적이 흐르는 일이 가끔 생기기 때문이다. 그 순간 나는 '순간접착제'가 된다.

그런데 한번은 갑자기 이야기가 막혀 당황했던 경험이 있다. 한 광고주와 한창 대화가 무르익어가는 분위기여서 잠시 방심하는 사이, 그가 갑자기 질문을 던졌다. 히치콕 감독의 영화 〈북북서로 진로를 돌려라〉에서 주인공 캐리 그랜트의 직업이 무엇인 줄 아느냐는 것이다. 앗, 뭐였지? 첩보원? 대학교수? 의사? 회사임원? '내가 영화를 전공한 사실을 숨겼어야 했는데……'

그의 직업은 광고인이었다. 그런 것도 모르는 광고인에게 누가 광고를 맡기겠는가? 이런 경우, 내가 태어난 해에 나온 영화를 어떻게 아느냐고 항변해서는 안 된다.

평소에 이야깃거리를 많이 준비할 일이다. 그러려면 인문학적 소양을 키워야 한다. 책을 읽고 영화를 보자. 비용도 적게 들고 빨리 배울 수 있는 지름길이다.

그런 다음에 흐름만 조절하면 된다. 이야기 도중 끊임없이 상대의 반응을 살펴야 하는 것은 기본이다. 접대에도 스토리텔링 기술이 필요하다!

능수능란한 이야기꾼이 되기 위한 4가지 비법

뛰어난 이야기꾼이 되려면 일단 '이야기 저장고'가 넉넉해야 한다. 말만 잘하는 것만으로는 부족하다. 그러려면 지속적으로 해야 할 일이 있다. 다음 4가지를 잘 지킨다면 누구나 능수능란한 이야기꾼이 될 수 있다.

1 단편소설을 꾸준히 읽는다

무라카미 하루키, 베르나르 베르베르, 서머싯 몸, 은희경, 김영하, 원재길 같은 작가들의 짧은 이야기를 읽어보라. 구성이 한눈에 들어와 기억하기 쉽다. 효과적인 이야기의 전개 방법들을 배울 수 있다.

2 짧은 만화를 본다

특히 2컷, 4컷으로 구성된 이야기를 뜯어보라. 무엇이 나를 미소 짓게 하는지 적어둬라.

3 유머 모음집을 읽는다

『한국인의 유머』『고금소총』『영미 유머집』『리더스 다이제스트』 등을 읽고 마음에 드는 이야기를 반드시 적어둬라. 언젠가 써먹을 날이 올 테니까.

4 생활 속에서 엿들어라

지하철은 아이디어의 보고다. 레이더를 켜고 사람들의 대화에 귀를 기울여보라. 내가 주인공들의 생활에 들어갈 필요는 없으니 그냥 듣고 즐기기만 하면 된다. 그것이 바로 학창 시절 배운 '작가 관찰자 시점'이다. 특히 노인들의 대화에 귀를 기울여보라. 지혜가 살아 숨 쉰다. 다만 남의 일에 병적으로 관심을 가지지 않을 정도로만 밀착 취재하라. 스토커로 오해받을 순 없으니까.

05 기억에 남을 진한 스토리를 발굴하라 ●

06

성공 아이디어의 3박자-2

아이디어를 그림 한 장으로 표현하라

CREATIVE POWER

> 미술작품을 설명하려고 애쓰는 사람들은 대개 헛소리를 하게 된다.
>
> ―파블로 피카소

"If a picture paints a thousand words, then why can't I paint you? (그림 한 장에 천 마디 말을 담을 수 있다는데, 왜 나는 당신을 못 그릴까요?)" 1970년대에 브레드가 불렀고, 최근에는 시셀이 불러 여진히 유명한 노래 〈If〉의 첫 소절이다.

그렇다. 그림 한 장이면 천 마디 말이 아니라 그 이상도 표현할 수 있다. 그림을 볼 때는 논리적인 판단과 분석이 필요하지 않다. 보는 순간 바로 받아들인다. 아주 난해한 것이 아니라면 이미지가 글보다 부드럽게 다가온다. 또한 주어진 이미지를 보며 상상력을 마음대로 펼칠 수 있어 좋다. 그러나 보는 이가 너무 자유롭게 해석하여 작가의 의도대로 좇아오지 않는 경우도 종종 생기므로 경계해야 한다.

마치 상형문자처럼
말을 걸어라

　　　　　　　　아이디어 세계에서는 비주얼을 선택하는
일이 전체 과정에서 가장 중요한 작업이다. 요즘 사람들은 글보다 이
미지를 더 좋아하기 때문이다. 특히 광고를 볼 때는 좀처럼 활자를 읽
으려 하지 않는다. 최근 들어 국제적으로 상을 많이 받은 광고들을 보
면 문자로 된 카피를 도무지 찾아보기 어렵다. 국제 광고영화제 심사
위원들은 이미지 하나에 로고만 달랑 넣은 광고에 대상을 주곤 한다.

　그래서 각국 광고제작자들도 전략을 세웠다. 자기 나라 언어로 카피
를 붙여봤자 알아듣지 못하고, 상을 탈 승산도 없으므로 이미지 위주
의 광고를 대량생산해 내고 있는 것이다. 《보그》에 실리는 패션광고처
럼 눈길 끄는 그림과 광고주 로고 하나면 소비자와 충분히 교신할 수
있다고 믿는 듯하다.

　이런! 세상만사 한쪽으로만 치우치는 것은 좋지 않은데, 요즘은 너
무 이미지 쪽으로만 기울고 있다. 모든 병에 잘 듣는 약은 없는 법인
데, 복잡다단한 인간의 사상이나 사고를 이미지로만 표현할 수 있을
까?

　자극적인 비주얼 위주의 표현들이 광고뿐만 아니라 TV와 신문, 잡
지를 뒤덮고 있다. 인터넷에도 엽기적인 사진과 동영상이 넘치고 있
다. 하기는 그래서 문제가 될 것은 없다. 굳이 알타미라 동굴의 벽화
이야기를 들먹이지 않더라도, 그림을 좋아하는 사람들의 본능을 누가

뭐라 하겠는가?

오길비앤매더의 아시아태평양 지역 크리에이티브 디렉터인 탐 카이멩의 비주얼에 관한 이야기를 들어보자.

"십중팔구 사람들의 눈길을 멈추게 하는 것은 바로 이미지다. 그러니 신문에서 잘라낸 이미지와 도표와 차트, 제품 평가 이미지처럼 지루한 이미지는 피하라. 그렇다고 '너무 평범하다'고 느껴지는 이미지도 피하라. 비주얼 속에는 뭔가 이상한 일이 벌어지고 있다고 독자들이 놀랄 만한 어떤 신호가 들어 있어야 한다. 눈길을 멈추고 볼 가치가 있는 것이어야 한다. 멋진 풍경 속에 자동차 한 대가 서 있는 것만으로는 부족하다. 혹시 허수아비들이 가득 차 있는 풍경 속에 차가 있다면 시선을 멈출 수도 있겠다. 위대한 비주얼은 다른 어떤 도움도 필요 없이 전체적인 메시지를 전달한다. 마치 상형문자처럼 우리에게 즉각적으로 말을 건넨다."

그림으로 표현할 수 없는 것은 아이디어가 아니다

아이디어를 발표하려면 우선 시각화부터 고려하라. 문자만 가득 찬 슬라이드는 보는 이의 관심받길 포기한 것과 마찬가지다. 스티브 잡스의 프레젠테이션을 보라. 그는 아이팟을 소개하면서 거의 모든 슬라이드를 알기 쉬운 이미지들로 구성했다. 메시지를 동영상, 사진, 차트, 도형 등으로 바꾸어 누구나 빠르고 정확하게 이해하도록 만든 것이다.

신제품이니만큼 자랑할 내용이 넘쳐났을 텐데 복잡하고 긴 문장은 과감하게 생략했다. 가급적 시각화된 메시지로 바꾸었다. 글을 읽지 못하는 사람이 봐도 금방 이해할 수 있게 했다. 시장점유율과 판매량 같은 자료도 간단한 그래프로 그렸다. "제품이 출시된 지 17일 만에 100만 개 팔렸다"는 메시지를 설명할 때도 슬라이드 한복판에 '100만 개'라는 단어만 크게 보이도록 디자인했다. 중요한 단어를 시각화하여 한눈에 쏙 들어오게 구성한 것이다. 색깔도 적게 사용하여 단순함을 잃지 않았다.

가토 마사하루는 『생각의 도구』에서 그림으로 표현할 수 없는 것은 아이디어라 할 수도 없다고 했다. 종이를 뛰어넘어 활발하게 살아 움직이는 것, 곧 입체적인 것이 좋은 아이디어다. 비주얼이 가진 정보의 양은 상상의 영역까지 포함하기 때문에 실로 방대하다. 아이디어를 시각화할 수 있다면 어떤 질문이 쏟아져도 대답할 수 있다.

06 아이디어를 그림 한 장으로 표현하라 •

아이디어 시각화를 잘하기 위한
생활 속의 훈련 6가지

시각화가 디자이너들의 전유물은 아니다. 그런데도 많은 사람들이 자신은 디자인 능력이 부족하다고 미적 감각이 떨어진다고 하소연을 한다. 아이디어를 시각화하는 데 있어 반드시 전문적인 능력이 필요한 것은 아니다. 톰 피터스는 "사실상 우리 모두가 디자이너임을 자각하라"고 말했다. 다음은 아이디어의 시각화를 잘하기 위해 누구나 할 수 있는 일상적인 훈련법이다.

1 유명한 사진작가들의 사진집을 본다

앙리 카르티에 브레송, 외젠 앗제, 앙드레 케르테즈, 로버트 카파, 알프레드 스티글리츠, 로베르 드와노의 사진을 살펴보라. 국제자유 보도사진 작가 그룹인 매그넘의 사진 역시 정기적으로 살펴볼 필요가 있다. 인터넷으로도 가능하다.

2 갤러리에 자주 가서 영감을 얻는다

인사동이나 삼청동에 놀러 갈 때 한 번씩 갤러리에 들러라. 생각보다 재미있는 작품들이 많다. 고흐나 모네, 피카소 등 대가들의 전시회는 꼭 가보는 것이 좋다.

3 마음에 드는 이미지는 잘라서 보관한다

신문이나 잡지에서 본 인상적인 사진은 빠짐없이 스
크랩하고, 인터넷에서 본 것은 나만의 이미지 폴더
를 담아둬라. 훗날 엄청난 재산이 될 것이다.

4 자료 화면 대여 업체의 인터넷 사이트를 이용한다

빌 게이츠가 만든 코비스(Corbis)와 석유왕 폴 게티가 만든 게티 이
미지(Getty Images) 사이트에는 세계의 유명 상업사진 작가들이
찍은 사진들이 무궁무진하게 올라와 있다. 신문사 데이터베이스의
보도사진 자료와 방송국의 동영상 자료도 유료로 사용할 수 있다.

5 카메라로 내가 원하는 비주얼을 직접 찍는다

내 아이디어를 설명하는 데는 뭐니 뭐니 해도 내가 찍은 사
진이 제일이다. 글로 쓰거나 말로 설명하려면 시간이 너무
오래 걸리거나 설명이 불가능한 경우도 있다. 사진 한 장이
면 쉽게 설명할 것에 시간을 들여 애쓰다가 듣는 이의 짜증
을 유발하는 일을 피하자.

6 그림 연습을 한다

선을 되도록 적게 사용하여 빠른 시간 내에 스케치하는 방법을 연습하
자. 그래야 아이디어가 달아나지 않는다. 낙서를 습관화하면 시각화에
자신이 생긴다. 컴퓨터 그림판을 이용하여 펜마우스로 그려도 재미있다.
내 아이디어는 내가 그린다.

성공 아이디어의 3박자-3

인사이트를 찾아라

CREATIVE POWER

> '발견'은 남들과 같은 것을 보고, 다르게
> 생각하는 것이다.
> —알베르트 센트 디외르디

연극 연습을 끝낸 한 배우가 동료 배우에게 말했다.

"이봐, 내게 멋진 생각이 하나 있는데, 우리끼리 팀을 짜는 게 어떨
까? 함께 연극을 하는 거야."

다른 배우가 맞장구를 쳤다.

"그거 좋겠는데! 그런데 자넨 어떤 종류의 연극을 생각하고 있나?"

"글쎄, 내가 무대에 나가서 노래를 부르는 거야. 그리고 막이 내려지
지. 다시 막이 오르면 내가 또 나가서 노래를 부르고 춤을 추는 거야. 막
이 다시 내려지겠지. 또 막이 오르면 내가 나가서 마술을 부리는 거야."

"이봐, 그럼 난 언제 출연하는 거지?"

"막이 어떻게 혼자 오르내릴 수 있겠어?"

오쇼 라즈니쉬의『배꼽』에 나오는 한 대목이다. 이 이야기를 읽고 마음속으로 '아하! 맞아, 맞아. 나도 저런 적이 있었는데. 맞아, 저건 내 얘기야'라고 생각했다면 위의 이야기 속에는 '인사이트(insights)'가 담겨 있는 것이다. '아하!'의 포인트가 바로 인사이트다.

소비자의 내면 심리를 파악하라

사실 요즘 인사이트란 말처럼 남용 혹은 오용되는 표현도 드물다. 그만큼 인사이트란 설명하기가 어려운 말이다. 영한사전을 찾아보면 '통찰력'이라고 나온다. 다시 국어사전에서 '통찰력'을 찾아보면 '사물의 내적 본질을 직관에 의해 명확하게 보고 이해할 수 있는 능력'이라고 나온다. '시소러스(Thesaurus)' 동의어 사전에는 '직관(intuitiveness)'이라고 되어 있다. 이제 약간 감이 잡힌다. '직관'이란 '논리를 따지지 않으면서, 사물에 대해 직접 알거나 배우게 되는 것'이다.

아이디어 세계에서는 소비자의 인사이트가 특히 중요하다. 다시 말해서 겉으로는 드러나지 않는 소비자의 내면 심리를 파악해야 한다. 다른 말로 쉽게 풀면 '공감대'라 하겠다.

광고를 만드는 이들은 이것을 찾겠다고 항상 두 눈을 부릅뜨고 두 귀를 쫑긋 세우고 산다. 지하철, 택시, 엘리베이터 속의, 나와 전혀 관계없는 인생에 대해서도 매 순간 지대한 관심을 갖는다.

좋은 아이디어를 내려면 소비자의 인사이트를 제대로 찾아야 하기 때문이다. 그래야 사람들이 공감한다. 광고를 보는 이가 "맞아, 저건 내 얘기야!"라는 소리가 저절로 나오는 이야깃거리를 찾아서 던져야 한다.

인사이트는 보통 소비자 조사로는 알아내기가 힘들다. 알아냈다 생각해도 그냥 '경험'이거나 '스토리'에 지나지 않아 인사이트라 하기 어려운 것도 많다.

웬만한 조사나 인터뷰로는 결코 겉으로 드러나지 않는 소비자의 속마음, 그것이 바로 소비자 인사이트다. 이것은 어떤 계기에 의해 튀어나온다. 그래서 이성적으로 설명되지 않는 경우가 많다. 그러나 반드시 찾아내야 한다.

아무리 멋진 그림이나 헤드라인으로 유혹을 해도 날이 갈수록 현명해지고 까다로워지는 소비자들은 어떤 메시지를 받든 간에 'WIIFM (What's in it for me? 나한테 뭘 해줄 건데?)'을 외친다. 그러니 WIIFM에 확실한 대답을 해주지 않으면 매정하게 눈길도 주지 않는다.

소비자에 관한 형식적인 묘사는 아이디어에 도움이 되지 않는다. 그런 것은 그저 관찰에 지나지 않는다. 다음은 관찰을 넘어선 소비자의 인사이트를 찾아낸 사례들이다.

- 인도인들은 소형자동차 아토즈를 좋아한다. 차는 작지만 차높이가 높기 때문에 터번이 차의 천장에 닿지 않기 때문이다.
- 소형 아파트가 많은 러시아에서는 '키 크고 날씬한' 냉장고가 필요했다. 그래서 LG전자는 냉장고 아래쪽에 냉동칸을 만들었다.
- 가족과 함께 쉴 수 있는 집이 제1의 공간이라면, 일터는 제2의 공

간이다. 그런데 때로 그 두 공간에서 벗어나 사람들을 만나거나, 관찰하고, 노트북 가져가 일도 할 수 있는 공간이 필요하다. 그것을 제3의 공간이라 한다. 스타벅스나 플레이스테이션은 자신이 바로 제3의 공간이라고 표방한다.

● 비가 오면 손님이 줄어들어 고민인 한 놀이공원에서 '레인보우 페스티벌'을 열었다. 관람객들에게 7가지 색깔의 우산을 빌려주고 색깔별로 각기 다른 공짜 혜택을 주어 사람들에게 좋은 반응을 이끌어냈다. 비 때문에 손님이 줄어든다는 점을 역이용한 것이다.

● 영화 〈7년 만의 외출〉에는 지하철 통풍구에서 나온 바람으로 마릴린 먼로의 치마 자락이 날리는 장면이 나온다. 그 장면에서 그녀는 자신의 각선미를 살리기 위해 살바토레 페라가모의 구두를 고집했다고 한다. 영화 개봉과 동시에 그 이야기가 삽시간에 퍼져나갔고, 그 제품은 불티나게 팔렸다.

● 게토레이는 타사 제품인 포카리스웨트가 아니라 물을 경쟁자로 삼았다. 그 결과 "물보다 흡수가 빨라야 한다, 달지 않아야 한다!"라는 메시지로 시장을 장악했다.

● 초기 게스 청바지는 24인치 이상은 만들지 않았다. 손해가 날 전략이다. 하지만 게스 청바지를 입고 있으면, 허리가 24인치 미만이라는 것을 그대로 드러내준다. 그 결과 가는 허리를 동경하는 수많은 여성들이 게스 청바지를 사들였다.

● 미국인들은 스마트폰이나 PDA를 이용해 인터넷과 문자를 많이 사용한다. LG전자는 이 점에 착안해 컴퓨터 키보드와 배열이 동일한 자판을 휴대전화에 장착시켜 크게 인기를 끌었다.

진짜 이야기를 담아라

미국의 소설가 나탈리 골드버그는 『뼛속까지 내려가서 써라』에서 "좋은 작가가 되기 위해 반드시 A에서 B를 거쳐 그 다음은 C로 가야 한다는 식의 논리는 없다. '뼛속까지 내려가서 쓰라' …… 자기 마음의 본질적인 외침을 적으라는 말이다"라고 조언한다.

그렇다. 대충 껍데기만 훑어보는 정도의 이야기는 아무도 듣지 않는다. 1차 자료만 모아 정리해 놓은 것은 요약이지 아이디어는 아니기 때문이다. 진짜 이야기가 들어 있어야 한다. 인사이트가 들어 있어야 좋은 아이디어다.

영화 〈왓 위민 원트〉는 광고인들이 인사이트 찾기에 얼마나 골몰하고 있는지 잘 보여준다. 주인공 멜 깁슨은 광고회사의 크리에이티브 디렉터다. 그는 여자의 마음을 좀더 잘 알아보려고 여성용품을 직접 사용하다가 그만 욕조 안으로 넘어진다.

그때 같이 빠진 헤어드라이어로 인해 감전이 된다. 다음 날 아침부터 그는 환청에 시달린다. 주위 여자들의 속마음이 그에게 소리로 들리기 시작한 것이다.

영화 대사 중 이런 내용이 있다. "여자가 원하는 것, 그것이 뭔지 안다면 세상은 당신 것이다." 결국 겉으로 잘 드러나지 않는 소비자의 속마음을 잘 읽어내야 성공한다는 얘기다.

그렇다면 내 아이디어가 듣는 이의 내면 심리를 잘 읽어냈는지 어떻게 알 수 있을까? 통계자료나 단순한 조사만으로는 도저히 그런 깊은 얘기를 알아낼 수 없다.

많은 경우 조사에 참가한 사람들은 이중적인 태도를 보인다. 예를

인사이트를 찾아라!

들어 "일본을 좋아하십니까?"라고 물으면, 대부분 "싫어한다"라고 대답한다. 그러나 손목에 차고 있는 시계, 갖고 있는 오락기나 오디오 등의 일본 전자제품을 사용하는 데는 거리낌이 없다.

때로는 참가 사례비 값을 하려고 지나치게 열심히 대답하는 조사대상자들도 있다. 성의가 고맙기는 하지만, 그렇게 조사에 유리한 대답만 믿고 실행에 옮길 수는 없다. 수십억, 수백억 원의 비용을 들여

집행하는 신제품의 출시에 커다란 오차를 만들어 엄정한 판단을 그르칠 수도 있다.

정말 세밀한 관찰이 필요하다. 지금까지는 드러내지 않았던 사람들의 마음속 깊은 이야기를 알아내야 한다. 때로는 남에게 말하거나 겉으로 드러내기 창피한 이야기도 있다. 그러나 듣는 사람들은 그런 것을 바란다.

역설을 담아라

신기하게도 사람들은 인사이트를 찾을 줄은 몰라도, 들으면 금세 눈치 챈다. 그래서 인사이트 찾는 일은 어렵고 재미있는 도전이다. 광고주나 소비자는 정말 똑똑하고 비판적이어서 그저 그렇고 인사이트가 비슷한 얘기로 말을 걸면 바로 마음의 문을 닫아버린다.

맥주광고를 함께 준비했던 전략 플래너인 마크 블레어는 인사이트에는 반드시 '역설'이 담겨 있어야 한다고 말한다. 사람들이 알고 있는 것을 반대로 말하는 역설적인 이야기가 먹힌다는 얘기다.

역설은 특히 문학작품의 단골 메뉴다. 청마 유치환의 시 〈깃발〉의 첫 행은 "이것은 소리 없는 아우성"이다. '아, 그거?' 하며 넘어가지 말고 그 구절을 머릿속으로 시각화해 보라. 바로 그림이 그려진다. 아우성을 치고 있는데 어떻게 소리가 나지 않지? 이렇게 거꾸로 말해야 절실하게 표현된다. 그래야 아이디어가 된다.

시뿐만 아니라 광고의 헤드라인에도 반드시 역설이 담겨 있어야 사람들이 기억한다. "인사이트는 역설이다"라고 해도 과언이 아니다. 다음은 역설이 담겨 있는 헤드라인들이다.

나는 캐시라는 아가씨를 사랑하고 있었습니다. 그러나 나는 캐시를 죽였습니다
– 미국 국립고속도로 안전관리국

저희 의자가 흔들거린다면 댁의 마루를 깎아주십시오 – 플러버 의자

28세라도 23세로 보이는 사람, 32세로 보이는 사람 – 와코루 속옷

약한 여성이여, 습격을 받게 되면 이를 사용하자 – 일본치과협회

그렇다고 해서 무조건 이상한 얘기를 던지면 사람들은 바로 방화벽으로 차단한다. 공감할 얘기로 말을 걸고 뒤에도 만족스러운 결과로 마무리해야지 그렇지 않으면 아이디어를 낸 사람이 정말 우습게 된다. 지적 능력도 의심받게 된다.

옆 사람에게 자꾸 물어보라. 그리고 반응을 재빨리 살펴봐라. 세상의 누구도 자기가 내지 않은 아이디어를 좋다고 하는 사람은 없지만, 빨리 반응을 살펴보면 인사이트를 찾아낼 수 있다.

끊임없이 관심을 가져라

미묘한 인사이트를 제대로 찾으려면 사설탐정이 되어야 한다. 늘 다큐멘터리 작가의 자세를 유지해야 한다. 법에 걸리지 않는 범위 내에서 남의 사생활 속으로 깊숙이 들어가야 한다. 다른 사람의 인생에 끊임없이 관심을 가져야 한다는 뜻이다. 인사이트

찾는 4가지 방법을 소개한다.

늘 귀를 열어두고 관찰하기

지하철, 엘리베이터, 휴게실, 커피숍 등에서는 이어폰으로 귀를 막지 않는 것이 좋다. 안테나를 세우고 멀티채널로 들려오는 소리들을 잡아라. 정말 솔직하고 가식 없는 사람들의 속내를 들을 수 있다. 사무실 파티션 안에서나 회의실에서 잘 나오지 않는 이야기들이 줄줄이 나온다. 거기에 감정이입을 하면 소비자를 알 수 있다, 느낄 수 있다.

잡지나 포털사이트의 고민 상담 코너도 놓치기 아까운 정보원이다. 대개 상식적이고 예상 가능한 답이 주류를 이루지만, 가끔 동문서답이 나와 즐겁게 해준다. 인기 인터넷 기사의 댓글도 확인하라. 촌철살인의 댓글이 자주 등장하여 부가적인 즐거움도 준다. 어른들의 지혜 넘치는 대화나 아이들의 기발한 대화도 훌륭한 심리창고다.

간접체험 활용하기

소설, 영화, 미드, 일드, 다큐멘터리 등을 보고 거기에서 얻어내는 것이다. 이미 작가가 직접 겪어보거나 관찰하여 만들어낸 작품을 보고 배우므로 별 노력 없이 큰 도움을 받을 수 있다. 한 번도 사용해 보지 않은 여성용품 광고 캠페인을 남성 광고인인 내가 15년 이상 담당하여 부동의 업계 1위 브랜드로 만들었고, 아기 때 면기저귀만 써본 내가 종이기저귀 광고 캠페인에 참여하여 역시 1위로 만들었다. 오랫동안 수많은 여성 소비자들과 아기 엄마들에게 얻은 인사이트 덕분이다.

직접체험하기

감옥에 죄수로 위장하여 들어가 잠입 취재를 하는 작가들의 이야기는 이미 고전이다. 프로젝트에 따라 해병대 체험, 일일 매장근무, 클럽 아르바이트, 호스트바 근무 등을 하며 진짜 이야기를 찾아내는 노력이 필요하다.

전문가의 자문 구하기

어느 분야에나 전문가가 있으므로 직접 만나 인터뷰도 하고, 자료와 경험을 얻는다. 인류학자, 행동심리학자, 미래학자 등에게도 소비자에 관한 중요한 인사이트를 얻을 수 있다. 이때 미리 허락을 얻은 후 캠코더나 녹음기를 이용해 반드시 기록해 두어야 한다. 인터뷰 내용을 다시 들으면서 육성에 담긴 뉘앙스를 느껴보면 더욱 강력한 인사이트를 얻어낼 수 있다.

인사이트를 찾는 다양한 방법

에릭 요컴스탈러는 『시야 뒤에 숨은(Hidden in Plain Sight)』에서 인사이트 찾는 다양한 방법을 소개하였다. 인사이트 찾겠다고 이 책에 나온 모든 기법을 동원할 필요는 없을 것이다. 그러나 그중 한두 가지만 활용해도 큰 효과를 볼 수 있다. 직관이나 개인의 감으로 예측하는 것보다는 사람들의 마음속으로 더욱 깊이 들어가 꺼내올 수 있을 터이다. 인사이트 찾기에 매우 유용한 메뉴로 쓰면 좋겠다. 여건이 되면 여러 방법을 섞어 써도 된다.

1 **콜라주와 그림 이용하기** 철 지난 잡지에서 그림을 잘라 내어 재구성해 본다.

2 **고백성 인터뷰** 취중진담을 찾아낸다. 혹은 사우나를 함께하며 속 이야기를 듣는다.

3 **마인드맵** 주제어를 중심으로 복잡 미묘한 소비자의 심리를 엮거나 확장해 본다.

4 **하루 생활 재조합** 눈 뜬 후부터 잘 때까지 소비자의 하루를 추적한다.

5 **비디오 관찰** 미리 촬영해 온 소비자의 생활을 면밀하게 관찰한다.

6 **역할 연기** 실제로 소비자가 되어 행동하며 심리 상태를 추적, 파악한다.

그 밖에도 다음과 같은 방법을 통해 인사이트를 찾을 수 있다.

7 **하루 생활 재조합 방법**

8 **사진 관찰**

9 **문자 보내기**

10 **단어 · 콘셉트 연상법**

11 **포커스 그룹**

12 **은유도출법**

13 **소비자 가설 브레인스토밍**

08 아이디어는 퀴즈문제를 출제하는 일이다

CREATIVE POWER

> 광고를 자발적으로 보려는 사람은 아무도 없다.
>
> —하워드 고시지

"우와, 광고가 나왔네! 어, 여기도, 여기도." 아침 출근 길의 지하철에서 무료신문 펼치며 신나서 그렇게 외치는 독자가 있을 까? 없다. 무심한 독자들의 눈은 오늘도 신문을 빠른 속도로 스캔하면 서 용하게도 기사만 쏙쏙 빼서 읽는다. 그것도 자기가 관심 있는 것만 찾아 밤하늘의 등대 불빛처럼 부지런히 눈동자를 굴린다.

그의 어깨를 툭툭 치며 "이봐요. 아래의 광고도 좀 보세요. 멋지지 않습니까? 그 아이디어를 내가 어떻게 해서 팔았는데, CG작업을 10번 도 더 하고, 교정도 몇 번이나 냈는데……"라고 말하고 싶은 심정이 한두 번이 아니다.

눈길을 멈추게
하는 힘

도대체 인쇄 광고의 기대 수명은 얼마나 될까? 암스테르담 대학의 기에프 프란첸(Giep Franzen) 교수의 연구에 의하면, 보통 독자들은 인쇄광고에 눈길을 약 2초 정도밖에 주지 않는다고 한다. 그것도 수많은 광고 중에서 운 좋게도 하나 골라서 봐준 경우에 그렇다는 것이다. 하루를 살고 죽는다는 하루살이보다 훨씬 일찍 죽는 셈이다.

아무리 애교를 떨어봤자 광고 보려고 신문이나 잡지를 사는 사람은 없다. 그러려고 TV 보는 사람도 없다. 인터넷과 라디오도 마찬가지다. 감미로운 음악을 들으며 운전하다가 "이제 음악 그만 듣고 사무용품 사라, 엔진 오일 바꿔라, 김치 냉장고가 과학이다"라는 소리를 듣게 될까 봐 그맘때쯤 되면 채널을 돌려버리기 일쑤다.

이런 일을 막으려면 내가 던지는 아이디어에 사람들의 눈길을 멈추게 하는 힘(stopping power)이 있어야 한다. 그 힘은 다름 아닌 궁금함이다. 궁금하게 만들어 사람들의 신경을 자극해야 한다.

광고가 구매라는 고객의 반응을 유도할 때까지의 과정을 연구한 이론들 중 AIDA(Attention, Interest, Desire, Action)모형이 있다. 광고를 접한 소비자는 주의, 흥미, 욕구, 행위 네 단계를 거쳐 제품을 구매한다는 주장이다. 사실 이 가운데 첫 번째 단계인 '주의'만 끌어도 성공이다. 조금 욕심내서 흥미까지 갖게 할 수 있다면 더욱 좋다.

하지만 많은 광고들이 '눈에 띄는 광고'보다는 '눈에 띄고 싶은' 광고에 그치고 만다. 다음은 2초 안에 눈길을 끄는 여성 월간지 헤드라인들이다.

08 아이디어는 퀴즈문제를 출제하는 일이다

"12kg 살 뺀 아무개의 다이어트 노하우"

"여자 120명 상대한 스무 살 가수 아무개의 충격 섹스 일기"

"10억대 재산 마련한 3040 남자 3인의 재테크 성공기"

"방직공장 공원에서 사법시험 합격한 아무개 씨의 감동 인생"

확실히 눈길을 잡는다. 이처럼 순간적으로 주의를 집중시킬 수 있는 아이디어를 내는 것은 중요하다. 그렇다고 효과에만 연연한 나머지 일단 사람들의 주의만 집중시키고 보자는 생각은 더더욱 곤란하다. 이왕이면 약간 지적이고 세련된 방법으로 그러자는 것이다.

인터넷에서 "인기 스타 아무개 양 드디어 재벌 3세와 오늘 결혼"이라는 헤드라인을 읽었다. 궁금해서 클릭해 보니 "오늘 저녁 TV 드라마에서"라는 식의 기사 본문으로 이어진다. 이런 상투적인 방법은 피해야 한다. "결혼은 결혼식장에서, 낚시는 낚시터에서" 하는 것이 좋다.

헤드라인에서 호기심을 유발하라

슬기롭게 말을 건네는 기술을 익혀야 한다. 처음 말 걸 때 실패하면 바로 외면하니까. 하고 싶은 말 대신 듣고 싶은 말을 하라.

리처드 닉슨 전 미국 대통령은 워터게이트 사건을 은폐하려고 "나는 사기꾼이 아닙니다"라고 말했다. 그 말을 들은 대중은 오히려 그를 사기꾼이라고 인식하게 됐다. 영국의 작가 체스터튼은 "이 세상의 어디가 잘못됐는가?"라는 제목으로 에세이를 써달라는 부탁을 받았다. 그는 이렇게 썼다. "여러분, 제 잘못입니다. 체스터튼 올림"

슬기롭게 말을 건 광고 헤드라인에서 힌트를 얻어 말의 기술을 연마해 보자.

이 세상 가장 향기로운 커피는 당신과 마시는 커피입니다 – 맥심커피

오전 중인 것 같은 기분으로 하루를 보냈다 – 시세이도 화장품

경기가 나빠지면 회의가 늘어난다. 오늘도 죄 없는 담배만 실컷 피워댔다.

집에 돌아가서 양치질을 하고 잠이나 잘까 – 라이온 치약

남자라면 내일까지 술을 남기지 않는다 – 일본 증류주조조합

나는 우리반 남자아이들이 공부를 못하게 하는 중요한 원인이다 – 쿠카이 여성의류

헤드라인은 말 그대로 '머리'가 되는 문장이다. 사람들은 일단 그것을 보고 계속 더 볼까 말까를 결정한다. 그래서 중요하다. 처음 보니까 중요하다. 첫인상이 오래가니까.

헤드라인을 뽑을 때는 메시지를 드러낼지 숨길지를 확실히 결정해야 한다. 예를 들어 "한 번이라도 당신의 목숨을 구했다면 잘 고르신 겁니다"라는 헤드라인은 미국의 유명한 타이어 광고 헤드라인이다. 메시지를 직접적으로 드러내지 않았지만 자사 타이어의 우수성을 잘 보여준다.

이와 같은 드러내지 않는 헤드라인을 쓸 때는 말을 잘 갖고 노는 기술이 필요하다. 반면 직접적인 헤드라인을 쓸 때는 너무 재주를 부리면 좋지 않고 단순하게 써야 가장 효과적이다.

다음은 메시지를 직접 드러낸 효과적인 헤드라인들이다.

자네 술 좀 한다구? 진로를 좋아하겠군! – 진로소주

맞다, 게보린! 통증을 신속하게 – 게보린

보이는 곳도, 보이지 않는 곳도 – 니베아

부채표가 없는 것은 활명수가 아닙니다 – 활명수

그리고 어떤 헤드라인에도 멍청한 질문은 절대 하지 말아야 한다. 헤드라인에 들어 있는 질문은 매우 효과적일 수도 있지만, 그것이 반드시 지적인 대답을 이끌어내야 한다는 사실을 잊어서는 안 된다. 그리고 대답이 재미있어야 한다. 당연한 대답을 유도하는 질문은 효과가 없다. 또한 약속을 너무 과장해서 표현하지 말아야 한다.

▌넌지시 암시하고
▌'아하' 하고 알아차리게

아이디어를 내는 것은 퀴즈문제를 출제하는 것과 비슷하다. 사람들의 관심을 끌기 위해 먼저 궁금증을 유발해야 하기 때문이다. 퀴즈나 스릴러 작가들처럼 도입부에서 독자들을 꽉 잡아서 결말을 알지 못하게 하는 방법을 쓴다는 점이 닮았다. 잔뜩 궁금하게 만들어놓고 넌지시 새미있는 답을 알려주어야 한다.

인쇄광고에서는 그 역할을 카피 대신 비주얼이 하기도 한다. 그것이 요즘 세계 광고계의 추세이기도 하다. 재미있는 그림으로 시선을 끌고, 잔뜩 궁금하게 한 후 광고 하단에 있는 카피 한 줄이나 광고주 로고를 보는 순간 "아하!" 하고 슬그머니 미소를 짓게 만드는 수법이다. 바쁜 세상에 광고를 봐주었으니 고맙다는 인사로 작은 웃음이라도 전

해주려는 의도도 담겨 있다.

오길비앤매더의 크리에이티브 디렉터인 탐 카이 멩은 좋은 카피의 조건에 대해 이렇게 말한다.

"좋은 카피를 쓰려면 거장들의 이야기처럼 재미있고 읽기 쉽게 써야 한다. 그리고 매력적인 사실들을 갖고 양념을 쳐야 한다. 잘 꾸민 미스 터리 소설처럼 약간의 서스펜스가 있어서 전혀 나쁠 것 없다. 무언가 좋은 일을 미리 슬그머니 암시하라. 만일 당신의 중심 주제를 독자를 계속 붙잡아두는 실마리로 쓸 수 있다면 더욱 좋다. 또한 당연하게도, 게다가, 덧붙여서 등의 '벽지' 같은 말들을 이야기와 이야기 중간의 이 어지는 곳에 넣을 수 있으면 좋다. 카펫에 들어온 고양이처럼 슬쩍 연 결하고 교묘하게 문장을 붙이면 완전히 다른 주제의 문장과 자연스럽 게 이어진다."

이런 이야기도 덧붙인다.

"간단하게 말하면 광고는 당신이 얼마나 똑똑한지를 보여주는 수단 이 아니다. 비록 목적 달성을 위해 광고를 재미있게 만들기는 하지만, 그것 자체가 목적은 아니다. 또 예술로부터 여러 가지 기법을 빌려왔 지만, 그렇다고 해서 광고가 예술은 아니다. 광고는 누군가에게 제품 에 대한 이야기를 전하는 수단이다. 제품을 광고해라, 우리의 능력을 광고하지 말고. 커뮤니케이션을 맡고 있는 우리는 철저히 뒤에 숨어야 한다."

그리스가 마케도니아의 지배하에 있을 당시 알렉산더 대왕의 아버 지인 필립 왕에 대한 규탄집회가 열렸을 당시의 이야기다. 에스키네스 가 연설을 하자 사람들은 "저 친구, 연설을 끝내주게 하는데"라고 말했다. 잠시 뒤 데모스데네스가 연설을 하자 이번에는 "우리 모두 당장 필립 왕을 때려잡으러 가자!"라고 말했다.

에스키네스는 커뮤니케이션에 실패하고 연설만 잘한 반면, 데모스데네스는 사람들의 행동을 이끌어냈다. 이 이야기는 본질의 중요성을 일깨워준다.

아이디어 역시 단지 사람들의 관심을 끄는 데 그쳐서는 결코 원하는 결과를 가져오지 못한다. 그 아이디어가 지닌 목적을 달성할 수 있도록 알맹이를 채워야 한다.

목적이 수단을 정당화할 수는 없다

하나 더 생각해 볼 것이 있다. 사람들의 관심을 끌기 위해 헤드라인이 중요하고, 그것을 퀴즈문제 출제하듯 재미있게 만들라고 했지만, 여전히 조심해야 할 점이 있다. 자신의 목적을 달성하기 위해 다른 사람들의 귀중한 시간과 공간 속으로 함부로 들어가지 말아야 한다는 것이다. 허락도 받지 않은 채 남의 집 거실이나 침실에 불쑥 쳐들어가면 곤란하다.

신문이나 잡지를 무심코 펼치다가 다음과 같은 헤드라인을 만났다고 가정해 보자. 그것을 읽은 순간 어떤 느낌이 드는가? 괄호 안은 독자들의 예상반응이다.

세계 부자들의 1퍼센트가 선택한 제품 (어쩌라고? 난 아닌데)

엄마야 누나야 강변 살자. 강변에 산다. (왜 굳이 강변에?)

시대의 중심은 OO입니다. (누가 물어봤나?)

품질의 자신감이 OO를 만듭니다. (잘 만들도록!)

아이디어를 내는 이가 마음이 조급하면 이런 헤드라인을 뽑게 된다. 독자들에게 하고 싶은 말만 일방적으로 던진 것이다. 알리고 싶은 이야기는 전달했지만, 그 효과는 기대하기 힘들다. 편안한 마음으로 신문이나 잡지를 펼친 독자들에게 슬기롭게 말을 건네지 못했기 때문이다.

같은 내용이라도 어떻게 표현하는가에 따라 성패가 갈린다. "4쌍 중 1쌍의 부부는 이혼한다"라고 말하면 우울하게 들린다. 하지만 "4쌍 중 3쌍의 부부는 성공한다"라고 말하면 그다지 나쁘게 들리지 않는다.

마찬가지로 구두를 팔 때도 "아가씨, 왼발이 오른발보다 크군요"라고 말하지 말고 "아가씨, 오른발이 왼발보다 작군요"라고 말해 보라. 과연 어떤 말을 하는 사람이 구두를 잘 팔까? "옷 한 벌 세탁에 1달러 - 무료로 방충 처리해 드립니다"라는 광고를 "옷 한 벌 방충 처리에 1달러 - 세탁은 무료로 해드립니다"라고 바꿨더니 그 세탁소의 매출이 20퍼센트나 증가했다고 한다.

목적이 수단을 정당화할 수는 없는 노릇이다. 제발 지하철역 입구에서 슬그머니 팔을 잡으면서 심각한 얼굴로 "도를 아십니까?"라고 묻는 일을 피하자. 남의 마음을 해치지 않으면서 동의를 구하는 현명한 방법을 연구하라.

눈에 띄는 헤드라인을
만들어주는 단어들

데이비드 오길비는 『어느 광고인의 고백』에서, 헤드라인에서 놀라운 효과를 올릴 수 있는 단어를 소개하였다.

50년도 지난 옛날 얘기지만 지금 하는 일에 한번 적용해 보라. 어느 분야나 세월이 지나도 변치 않는 원리가 있는 법이다. 이 진부한 단어들을 경멸하지 말아야 한다. 흔히 쓰는 말이지만 때로는 큰 효과가 있다.

감성적인 단어인 '사랑' '연인' '공포' '벗' '아기' '금지' 등의 단어도 효과를 높여준다.

- 어떻게 해서
- 돌연
- 지금
- 알림
- 안내
- 자, 이게 바로 그겁니다
- 막 도착했습니다
- 중요한 발전
- 권합니다
- 신속
- 쉬운
- 원하던
- 도전
- 알려드립니다

- 개선
- 경이적인
- 센세이셔널한
- 뚜렷한
- 혁명적인
- 놀라운
- 기적
- 마술
- 진실은 이렇다
- 비교해 주세요
- 바겐세일
- 서둘러주십시오
- 최후의 기회

08 아이디어는 퀴즈문제를 출제하는 일이다

09 버리는 것이 남는 것, 아까워도 없애버려라

> 따분한 인간이 되는 비결은 모든 것을 하나에서 열까지 빠짐없이 이야기하는 것이다.
> ―볼테르

인도의 어느 시골 마을에 나무를 깎아 코끼리를 만드는 유명한 노인이 있었다. 다큐멘터리 제작 팀이 취재를 하러 가서 물었다.

"코끼리를 어쩌면 그렇게 잘 만드시는지, 비결을 좀 알려주세요."

"일단 나무 한 토막을 준비합니다. 그리고 조각칼을 준비합니다. 그 다음에 코끼리라고 생각되지 않는 부분은 다 깎아내 버리는 거죠."

머릿속에 소용돌이치는 복잡한 아이디어를 표현할 때 기억하면 유용한 조언이다. 필요하지 않은 것은 다 빼버리라는 충고다.

당신이 지금 코끼리를 조각해 달라는 의뢰를 받았다고 가정해 보자.

우선 머릿속에는 코끼리의 긴 코와 상아, 굵은 다리가 떠오를 것이다. 그런데 어떻게 시작해야 할지 엄두가 나지 않는다. 사실적인 묘사를 하려 한다면 머리가 더욱 복잡해진다. 긴 속눈썹, 커다란 눈망울, 주름, 펄럭이는 귀 등을 어떻게 표현하지?

코끼리의 전체를 한꺼번에 다 표현하려 하지 말고 가장 강력한 특징 하나만 잡아라. 나머지는 과감하게 버려라.

▌ 한 편에 하나만
▌ 담아라

욕심을 버려야 더 좋을 때가 있다. 사탕을 손에 쥘 수 있는 만큼 가져가도 좋다고 해서 너무 많이 집으면 병에서 손이 빠지지 않는 법이다.

외출을 위해 옷을 잘 차려입었다. 왠지 허전한 느낌이 들어 팔찌를 해본다. 돋보이기 위해 커다란 알이 박힌 반지도 끼어본다.
→ **1시간 후의 교훈 : 그렇게 하지 않는 것이 좋았다.**

더 먹을까 말까 몇 초 망설인다. 결국 몇 숟가락 더 뜬다.
→ **30분 후의 교훈 : 그때 숟가락을 놓았으면 좋았을걸.**

삶의 방식도 아이디어도 단순해야 이익이다. 성실성만으로 인정받는 시대는 지났다. '효과'를 잘 따져보아야 한다는 얘기다.

성인이 사물에 집중하는 시간은 약 9초라고 한다. 게다가 광고 하나

버리는 것이 남는 것!

를 딱 2초 본다는데 무얼 자꾸 더 담겠는가? '똑딱 똑딱' 이게 2초다. 단순한 내용일수록 기억하기 쉬운 것은 자명한 이치다. 빽빽하게 들어간 대리점 전화번호가 중요할 때도 있지만, 광고 한 편에는 한 가지 내용만 넣어야 유리하다는 것을 잊지 말아야 한다.

오래전 헤어진 동창생들을 떠올려보라. 한 사람에 한 가지 특징밖에 기억이 나지 않는다. 착한 아이, 똑똑한 아이, 돈 많은 아이, 신경질적인 아이 등등.

아이디어의 생명은
단순함이다

　　　　　　　　　　10년쯤 전에 오길비앤매더의 유명 크리에
이티브 디렉터였던 닐 프렌치가 한국 사무소의 크리에이티브팀을 교
육하기 위해 방문한 적이 있었다. 나는 약간 긴장했다. 크리에이티브
디렉터라는 같은 직함을 갖고 있기는 하지만, 나는 작은 나라 한국의
책임자고, 그는 워낙 세계적인 거물인지라 직접 만나는 것 자체가 대
단한 영광이었기 때문이다.

　우리가 만든 광고 중 그래도 괜찮다 싶은 것들만 골라 대회의실 벽
에 붙여놓고 그를 기다렸다. 그런데 며칠 동안 교육을 진행하는 내내,
그는 우리가 만든 광고를 보고서도 그저 엷은 미소만 지을 뿐, 아무런
언급도 하지 않았다.

　참다 못한 내가 그의 의견을 물었다. 그는 "원래 나는 누가 만든 광
고든, 남이 만든 광고에 대해서는 비평을 하지 않는다"라는 말만 되풀
이했다. '누가 영국인 아니랄까 봐 지나치게 신사적이군.'

　어느 날 저녁, 드디어 맥주잔이 수차례 돌아간 후에야 간신히 그의
말문을 열 수 있었다. 한마디로 "단순하게 하라"가 그의 가르침이었
다. 결국 우리가 만든 모든 광고들은 너무 복잡해서 눈길을 끌기는커
녕 언급할 가치조차 없었다는 것을 알게 된 비참한 순간이었다.

　다음은 그날 그와 나누었던 대화의 일부분이다.

Q : 단순하게 만들어야 한다는 명제를 구체적으로 설명해 주세요.

가끔 카피라이터와 아트디렉터는 서로를 너무 존중해 주는 나머지, 그림도 페이지 가득 채우고 헤드라인과 카피도 가득 채우는 경우가 많지요. 이런 유혹에서 벗어나야 합니다. 카피라이터니까 의무적으로 카피를 길게 써야 한다는 강박관념에서 벗어나야 합니다. 아트디렉터도 그림에 대한 미련이 넘쳐 너무 복잡하게 만들거나 폰트를 여러 가지 섞고, 레이아웃에 지나치게 공을 들여 내 실력을 보여주어야 한다는 압박감에서 벗어나야 합니다.

소비자는 바보가 아닙니다. 불행히도 그들은 내가 맡은 작품에는 관심이 없습니다. 광고주가 누구인지도 관심 없습니다. 광고 보겠다고 잡지를 사는 사람이 있습니까? 광고 보려고 TV 보는 사람 봤습니까? 거듭 말하지만 광고는 단순해야 합니다. 포스터 정도의 정보만 들어 있으면 충분합니다. 인생은 광고나 보면서 살기에는 너무 짧으니까요.

Q : 그럼 단순하게 만드는 어떤 비결 같은 것이 있습니까?

광고를 많이 만들고 많이 보다가 저절로 얻은 비결인데, '최소한의 5가지 요소'라는 것이 있습니다. 인쇄 광고에서 뺄 수 없는 5가지를 말합니다. 헤드라인, 그림, 바디 카피, 로고, 태그 라인입니다. 그이상은 넣지 마십시오.

만일 그중 하나를 빼고 4개만으로 구성한다면 더욱 좋겠지요. 3개라면? 그건 대단한 거죠. 2개라면 더욱 좋습니다. 만일 1개라면 말할 필요도 없이 좋죠. 국제 광고제 수상감입니다. 못 믿겠으면 당장이라도 수상작품 모음집을 뒤져보십시오.

'아하, 그렇구나! 사람은 역시 배워야 돼.' 물론 모든 경우에 들어맞는 원칙 같은 것은 없으므로 무조건 단순하게 만들어야 좋은 것은 아니다. '단순함'의 적은 '단조로움'이기 때문이다.

단순하게 만들되, 보는 재미가 있게 만들어야 관심을 끈다. 또 그저 관심만 끌어서는 부족하다. 도망가려고 하는 소비자를 불렀으면 말을 걸어야 한다.

우리나라 광고와 잘된 외국 광고의 결정적인 차이가 바로 그 점이다. 우리는 가르치려 하고, 진정한 선수들은 말을 건다. 그래서 잘된 외국 광고의 헤드라인에는 단정적인 말투보다 질문 형식이 눈에 많이 띈다. 그렇다고 광고 보는 이를 너무 골치 아프게 만들면 곤란하지만, 생각할 여지를 좀 남겨두는 것이 좋다.

▌할 말을 압축하라

카피를 길게 쓰지 않는 게 유리한 시대다. 무조건 길이를 짧게 쓰자는 게 아니다. 할 말을 잘 압축하여 절묘한 시점에 들이밀자는 뜻이다. 심지어는 한 단어도 쓰지 않는 게 훨씬 효과적일 때도 있다.

때로는 상대에게 내 아이디어를 보다 잘 이해시키기 위해 좀더 자세히 써야 한다는 강박관념에서 살짝 벗어날 필요가 있다.

내가 노력한 부분이 너무 안 보이는 것 아닌가 하고 불안해 할 이유도 없다. 어차피 카피의 길이에 따라 보수를 받는 것은 아니지 않는가? "자기 돈으로 전보를 친다고 생각해 보라"거나 "명함 뒤에 자기 아이디어를 요약할 수 없다면 그건 아이디어가 아니다"라는 선배 고수들의 충고를 잊지 마라.

쓰고 싶은 문장을 다 써놓고 한 단어씩 빼보라. 하나씩 빼면 뺄수록 읽는 이는 궁금해지므로 자기도 모르는 사이에 작가의 페이스에 말려들어가게 마련이다. 궁금하지 않은 건 아무도 읽지 않는 까닭이다.

다음은 『홍당무』로 유명한 프랑스의 소설가 쥘 르나르가 온갖 동물들의 행태를 관찰한 후 기록한 산문집 『박물지』에 나오는 〈뱀〉이라는 시다.

뱀, 너무 길다

긴 주인공을 짧게 표현한 함축미가 재미를 준다. 일본의 단가(하이쿠) 작가들도 응축 기술의 고수다.

하루 종일 부처 앞에 기도하며 모기를 죽이다 – 이싸
오래된 연못. 개구리 풍덩! – 바쇼

전략의 핵심은 '무엇을 하지 않을까'를 결정하는 것

흑백 화면. 느릿느릿 꿈결처럼 움직이는 슬로 모션으로 여러 노인들이 차례로 등장한다. 카메라를 말없이 응시하는 그들의 얼굴은 한결같이 무표정이다. 고요한 음악이 들릴락 말락 흐른다. 마지막으로 등장하는 노인의 주름 가득한 얼굴 위

로 자막이 서서히 떠오른다.

생각보다 오래 살 때를 위하여 – 존 행콕 생명보험

세계 3대 광고제 중 하나인 미국 클리오광고제에서 대상을 받은 영국의 존 행콕 생명보험의 광고 카피다. 왠지 보험에 드는 일은 큰돈을 노리는 도박 같아 애써 외면하며 살던 나를 그 카피 한 줄이 놀라게 했다. 그럴 수 있겠다. 생각보다 오래 살 수 있겠다, 모은 돈은 다 썼는데.

살다 보면 아깝게 세상을 떠난 이들의 소식을 자주 듣게 된다. 그런데 의외로 사람은 잘 죽지 않는다. 아무리 먼저 가는 이들이 요즘 늘어난다 해도, 아무래도 남는 이가 더 많다. 그러므로 무엇이든 길게 볼 필요가 있다.

성격 급한 사람은 손해다. 길게 봐라. 아이디어 만드는 일도 길게 봐야 한다. 그러려면 길게 봐도 식상하지 않는 아이디어를 찾아내야 한다. 또한 지구력을 갖고 그것을 꾸준히 가꾸어야 한다.

아이디어가 오래오래 살아남는 가장 좋은 방법은 단순 명료함이다. 사람들은 복잡한 것은 자신도 모르게 차단해 버린다. 좀 따라가려고 애쓰다가 머리가 꼬여 귀찮아지므로 기억하기를 포기하고 만다. 세상에 재미있는 것이 얼마나 많은데 남의 브랜드나 그것의 콘셉트 따위를 기억하며 살겠는가?

꿩고기를 맛있게 먹었다면 그만이다. 거기서 만족해도 좋다. "꿩 먹고, 알 먹고, 깃털 뽑아 베개 하고, 둥지로 불 때고" 식의 욕심을 버려라. 하나만 가져라. 콘셉트건 재물이건 많아지면 머리가 꼬인다. 지키기도 어렵다.

필요 없는 것은 버리자. 전략이란 그런 것이다. 경영전략의 대가 마이클 포터는 "전략의 핵심은 무엇을 할까를 결정하는 것이 아니라 '무엇을 하지 않을까'를 결정하는 것이다"라고 했다.

성공하는 사람들은 송곳처럼 어느 한 점을 향해 일한다. 성공을 위해서는 뾰족한 생각 하나면 된다. 다 잘라버리고 하나로 몰아야 생각이 커진다.

대담한 아이디어를 실현하고 작은 아이디어를 떨쳐버리는 이런 전략을 미국 컬럼비아 대학 경영대학원 번트 슈미트 교수는 '빅 싱크 전략(Big Think Strategy)'이라고 했다. 그는 "위험하고 대담한 생각만이 비즈니스 세상을 바꿀 수 있다. 매일 똑같은 방식, 똑같은 형태로 생각한다면 발전할 수 없다. 결과물이 별로 달라지지 않기 때문이다. 결국 조금 더 창조적으로 생각하는 사람만이 큰 성공을 거둔다"라고 말한다.

그는 빅 싱크 전략의 사례로 '트로이의 목마'를 든다. 장난감으로만 여겼던 '목마'가 10년간 이어졌던 트로이전쟁을 하룻밤 만에 끝냈다. 대담하고 무모한 발상이 세계사를 바꾸었다.

꽂히는 말을 던져라

'엘리베이터 테스트'라는 말은 이미 고전이다. 아이디어를 잘 내는 것은 중요하지만, 그것을 빠른 시간 내에 발표하는 것은 더욱 중요하다.

마음속에 늘 사표를 품고 살아간다는 사람도 많지만, 마음속에 영화 시나리오 하나씩은 품은 채 살아가는 사람도 많다.

만일 엘리베이터에 유명한 영화 제작자와 함께 탈 기회가 생겼다면? 앞으로 30초 안에 그 사람은 엘리베이터에서 내릴 것이다. 평소에는 느려 터져 답답하게만 느꼈던 엘리베이터가 오늘은 왜 이리 빠른가? 과연 그가 내리기 전에 내 시나리오 아이디어를 팔 수 있을까? 그가 감동하여 그의 방이 있는 층에서 나를 따라 내리라고 할 것인가?

과연 어떻게 해야 찰나의 순간에 가장 강력하게 아이디어를 전달할 것인가? 찰나는 75분의 1초다. 그 순간에 한 단어로 표현된 OW콘셉트를 찾아내야 한다. 불가능하다고?

링컨의 게티스버그 연설을 한 단어로 요약하면 '자유'다. 예수의 산상수훈을 한 단어로 요약하면 '황금률'이다. 상영시간이 3시간이 넘는 영화 〈닥터 지바고〉의 내용을 한 단어로 요약하면 '사랑'이다.

한 단어를 던져라. 그것이 이른바 '꽂히는 말'이고, '먹히는 말'이다. 과연 엘리베이터 문이 열리고 제작자가 내리기 전에, 내가 꼭 만들고 싶은 영화에 대해 뭐라고 말할 것인가? 그는 필시 새로운 아이디어에 목말라 있을 것이다. 소재는 새로울 것이 별로 없다. 그러나 흔한 소재라도 지금까지 보지 못했던 새로운 각도로 접근하면 된다.

그가 나의 OW콘셉트를 듣고 솔깃하게 만들려면 일단 '키워드'를 던져 관심을 갖게 하라. 약간이라도 관심을 보이면 재빨리 부연설명에 들어가라.

그런데 나의 키워드에 관심조차 보이지 않는다면? 섭섭해 할 것 없다. 집으로 돌아가 다시 생각해야 한다. 콘셉트를 더욱 뾰족하게 다듬어 다음 기회를 노려야 한다.

3S가 충족된 문장을 사용하라

"글을 잘 쓰려면 3가지 S를 잊지 마라"고 했던 작문 시간의 가르침이 세월이 흘러도 잊혀지지 않는다. 여기서 3가지 S는 'Simple(단순하게), Short(짧게), Smart(슬기롭게)'다.

미국의 유명 광고대행사인 BBDO의 키스 라인하트 회장이 들려준 좋은 광고 아이디어 3가지에도 S가 있다. 'Simple(단순하게), Surprise(놀라게), Smile(미소 짓게)'이다.

이 3가지를 모두 충족시키는 아이디어를 내기란 쉽지 않다. 사실 아이디어를 낼 때는 그중 하나라도 살릴 수 있으면 상당히 뛰어난 아이디어다. 다음 광고문들은 3S를 충족한 문장이다.

당신이 키스 경험이 있다면 이미 이 맛을 알 것이다 – 헤네시 코냑

크리넥스로도 닦을 수 없는 그리움이 있다 – 크리넥스

낯선 여자에게서 그의 향기를 느꼈다 – 오버클래스 아이디

남자는 떠나고 여자는 또 아름다워진다 – 시세이도

20세기 5대 건축가 중 한 명인 미스 반 데어 로에는 "적을수록 많은 것이다(Less is More)"라는 명언을 남겼다. 다시 말해서 표현하는 바가 적을수록 의미는 더 풍부해지고 형식을 절제할수록 본질에 가까워진다는 뜻이다.

우리는 욕심과 집착을 버리지 못한 채 오로지 성취를 위해 앞만 보며 달린다. 마음의 수양과 연습을 통해 단순한 생활의 길로 들어서기까지는 시간이 오래 걸린다. 그래서 평생 그 길로 가보지도 못한 채 생을 마감하는 경우도 많다. 그러니 아이디어든 인생이든 단순화하자. 그래야 강해진다.

생활 속에서
단순함에 이르는 몇 가지 지혜

단순함은 내 아이디어만 훌륭하게 만들어주는 것이 아니라 내 삶도 편안하게 만들어준다. 베르너 티키 퀴스텐마허와 로타르 자이베르트는 『단순하게 살아라』에서 머리가 복잡한 우리에게 단순한 생활에 이르는 방법을 흥미롭게 알려준다.

1 키워드를 먼저 말하라

그런 다음에 짧게 부연설명하거나, 그 단어를 말한 이유를 설명하라. 그래야 대화가 흩어지지 않고 단순하게 풀린다. 듣는 이도 쉽게 집중한다.
예를 들면 "그게 바로 '열정'이죠(키워드 제시). 애초에 관심이 없었다면 말도 꺼내지 않았을 테니까요(이유 설명)."

2 옷도 단순한 배색과 디자인으로

옷의 스타일은 전적으로 개인의 자유다. 그러나 요란한 배색이나 디자인은 당신보다 옷에 주의를 집중하게 한다. 단색으로 코디하고 액센트 컬러를 사용한다면?
검정색 상하의(단순)에 빨간 스카프(액센트).

3 처음부터 다 보여주지 마라

설명을 하다 보면 길어진다. 신비주의를 유지하라.
이런 식으로 시작하지 말라. "명심보감 〈근학〉 편에
이런 교훈적인 이야기가 있지. 인생불학이면 여명명
야행이라."
이렇게 하라. "밤길에 혼자 걸어 가봤어?" 궁금해진
다. "사람이 배우지 않고 살면 인생이 그렇게 느껴
진다는 거야."

4 꼭 필요한 것만 기억하라

평생 뇌의 반쪽밖에 못 쓴다고 지적을 받기도 한다.
그러나 살면서 꼭 외워야 할 것은 그리 많지 않다.
중요한 것에만 집중하면 된다.
박정희 전 대통령은 라디오 채널에 검은 테이프를
작게 잘라 붙여놓았다고 한다. 전쟁 같은 비상사태
때 방송을 들으면 되지 굳이 평소에 주파수를 외워
둘 필요가 없다고 생각했기 때문이다.

5 제일 잘 하려는 욕심을 버려라

완벽주의는 망상이다. 머리가 복잡하면 단순해지기 어렵다.
왜 꼭 칭찬만 들으려 하는가?

10 로직과 매직의 절묘한 조화

전략이란 자신이 1등 할 수 있는 경주를
찾아내는 것이다.

―잭 트라우트

『생각의 지도』를 쓴 미국 미시간 대학 심리학과 리처드 니스벳 교수가 동서양인들의 심리적 차이를 분석하기 위해 다음과 같은 실험을 했다.

일본 교토 대학과 미국 미시간 대학 학생들에게 사진 한 상을 보여 준 뒤 무엇을 보았는지 회상해 보라고 했다. 사진 중앙에는 물고기가 있었고 주변에는 물, 바위, 수초, 다른 풍물 등이 있었다. 일본 학생들은 개별적인 물고기보다 전체적인 관계를 언급하는 경향을 보였다. "음, 연못처럼 보였어요"라고 전체 맥락을 언급하면서 시작했다. 반면에 미국 학생들은 "송어 같은 큰 물고기가 왼쪽으로 움직였어요"라며 초점의 역할을 했던 물고기를 언급하며 회상을 시작했다.

실험 결과 나스벳 교수는 "현대의 동양인들은 고대의 동양인처럼 세상을 종합적으로 이해하고, 전체 맥락에 주의를 기울이며, 사건들 사이의 관계성을 파악하는 데 익숙하다"라고 분석한다. 반면 "현대의 서양인들은 고대의 그리스인들처럼 세상을 보다 분석적이고 원자론적인 시각으로 바라보고, 사물을 독립적이고 개별적인 것으로 이해하는 경향이 많다"라고 분석했다. 결국 과거 공자와 아리스토텔레스가 보였던 사고방식의 차이가 지금도 면면히 계승되고 있는 얘기다.

만일 동양인과 서양인이 절대 만나지 않고 각자 따로 일한다면 생각의 충돌은 일어나지 않을 것이다. 하지만 이제 더 이상 그럴 수 없는 시대다.

지금 우리나라에는 그 어느 때보다 외국인들이 많이 들어와 있다. 게다가 관광공사 사장은 독일 출신의 귀화한국인이다. 지하철 공사 현장이나 공장, 농어촌 다문화가정 등에는 그 수가 훨씬 많다.

서울 강남의 남자 초등학생 엄마들은 장차 아들이 외국인 여자와 결혼한다고 할까 봐 벌써부터 걱정이 되어 단단히 정신교육을 시키고 있다고 한다. 그러나 이는 어느 시점이 오면 아무도 막을 수 없는 대세다.

함께 일하던 카피라이터 람은 인도의 뉴 델리 출신으로, 한국에 스카우트되어 맹활약을 했다. 물론 카피는 대부분 한국어로 써야 하니까 그가 영어로 쓰면 주니어 카피라이터가 다시 우리말로 바꾸는 식이었다.

경력은 나와 비슷한데 그가 가져오는 아이디어를 리뷰하다 보면 속으로 감탄하기가 일쑤였다. 체면상 말은 하지 않았지만, 늘 나와 전혀 다른 새로운 시각으로 기발한 아이디어를 내 크리에이티브 디렉터인 나를 놀라게 하곤 했다.

그러던 어느 날, 우리는 어느 IT 브랜드의 광고를 준비하며 한국인의 심리에 대해 이야기를 나누고 있었다. 그는 마치 허공에 떠 있는 인터넷 검색자료를 읽듯이 막힘 없이 줄줄 한국인의 라이프스타일에 대해 열거했다.

그러더니 갑자기 정색을 하며 내게 말했다. "그런데 너희는 너희끼리만 잘 사는 것 같아." 그의 이야기를 듣고 있던 나는 흠칫 놀라지 않을 수가 없었다. '그렇지. 네 말이 맞다. 100년 세월이 더 지났어도 여전히 우린 대원군의 후예지.'

벽을 허물어야 한다. 아이디어 세계에서는 국적, 피부색, 언어, 인종은 신경 쓰지 않는다. 그런 것을 초월해서 먼저 좋은 아이디어를 내는 사람이 승자다.

▎로직과 매직의 결투

나는 지난 20여 년간 우리나라에 진출한 수많은 다국적 기업의 광고를 담당해 왔다. 그런데 일하면서 동서양의 문화 차이 때문에 늘 답답했다. 일에 접근하는 방식과 사고방식이 서로 다르다는 것을 알기까지는 사실 시간이 꽤 오래 걸렸다.

서양 동료들과 아이디어 회의를 하다 보면 그들은 합리주의의 영향으로 논리적인 면, 즉 로직(logic)이 강하고, 동양인들은 지나치게 따지기보다는 매직(magic) 즉 논리를 벗어나더라도 마법 같은 면을 선호한다는 생각이 든다. 그러므로 내 아이디어를 팔기 위해서는 그런 차이를 미리 알고 덤벼야 커뮤니케이션을 제대로 할 수 있다.

20년 전의 일이다. 지금이야 외국인 동료와 일하는 게 다반사지만 그때 처음 외국인 동료와 일하면서 우리와 사고방식이 많이 다르다는 사실에 내심 놀랐다. 광고주가 '요프레시'라는 마요네즈 브랜드에 대한 철저한 아이디어를 준비할 것을 요구하자, 영국에서 온 기획담당 폴은 6주 정도 시간을 달라고 했다. 당시 제작담당이었던 나는 광고주와의 회의를 마치고 회사로 돌아오는 길에 폴과 대화를 나눴다.

나 : 폴, 그까짓 아이디어 내는 데 뭐 그렇게 오래 걸려? 난 바로 답이 떠오르던데. 나랑 입장이 바뀐 거 아냐? 원래 기획담당은 빨리 해달라고 하고, 제작담당은 시간 더 달라고 하잖아.

폴 : (씩 웃으며) 소비자 태도조사 자료도 수집해야 하고, 경쟁사 자료도 뽑아봐야 하고, 조사도 해야 하고, 전략 세우고, 브리프도 써야 하고……

나 : (속으로) 아하, 그렇게 하는 거야? 얘들이 감이 떨어지는구나. 꼭 그런 걸 찾고, 검증을 해야 돼?

6주가 아니라 6시간도 되지 않아 나는 엄청나게 많은 아이디어를 자신 있게 내놓았다. 그런데 폴은 갖가지 핑계를 대가며 내 아이디어를 마음에 들어 하지 않았다. 몇 번을 크게 싸우고서야 이유를 알았다. 그때까지만 해도 나는 숙제를 받으면 직관적으로 아이디어를 냈다. 그렇게 낸 아이디어가 큰 반향을 일으킨 적도 많았으니까.

10 로직과 매직의 절묘한 조화

하지만 서양 동료들은 아무리 시간이 없어도 무조건 아이디어부터 먼저 내지 않았다. 똑똑한 전략을 세우는 일이 먼저였다. 아무리 작은 항목이라도 하나하나 따져가며 꼼꼼하게 물었다. 그래서 나도 그때부터 이들처럼 해봐야겠다고 생각하고 '따지기' 작업에 들어갔다. 서양 동료들의 로직과 나의 매직의 결투였던 셈이다.

사실 세월이 흐른 지금도 아직 그 둘의 경계가 어디에서 어디까지인지 모른다. 매직에 조금만 무게를 실으면 사람들은 "그런 게 어디 있느냐? 앞뒤가 맞지 않는다"라고 말한다. 반대로 로직에 무게를 실으면 "그런 재미없는 아이디어가 어디 있느냐?"라고 말한다. 그러니 어렵지만 문제를 풀어나갈 때마다 줄타기를 잘하는 수밖에 없다.

하지만 일할 때는 편의상 로직부터 따져보는 것이 좋다. 그다음에 '내가 말하고 싶은 아이디어가 무엇인가?'를 생각하라. 만족스러운 로직을 찾아내면 그다음부터는 일사천리다. 정말 만족스러운 로직을 찾으면 매직은 저절로 따라 나온다.

다만 반대로 하면 막히는 경우가 많다. 아이디어를 먼저 내놓고 전략을 거기에 꿰어 맞추는 격이 되는 까닭이다. 로직과 매직은 둘로 나뉘는 것이 아니라 원래 하나라 할 수 있다. 경계를 넘나들며 생각하는 것이 좋다.

그러나 많은 경우 매직이 로직을 뛰어넘는 것도 사실이다. "윙가르디움 레비오우사!" 영화 〈해리 포터〉에서 어떤 물체가 허공을 날아가도록 만드는 주문이다. 만일 무슨 헛소리냐고 하며 로직만 앞세웠다면, 전 세계인이 즐거워하는 〈해리 포터〉라는 매직 스토리는 세상에 태어나지 못했을 것이다.

쓴 알약에
'달콤함'을 입히기

무언가 목적을 가지고 커뮤니케이션을 할 때는 감성적 접근이 필요하다. 누구도 딱딱한 이야기에 귀 기울이지 않기 때문이다.

광고가 대표적인 경우다. 소비자가 무엇을 사려고 할 때, 이제 더 이상 제품의 기능은 구매 기준이 되지 않는다. 기능은 다 좋다. 그렇지 않으면 상품화되어 세상에 나오지도 못한다. 그러므로 그 이상의 가치가 있어야, 즉 자신의 소망과 관계가 있는 제품을 만나야 소비자들은 지갑을 연다. 그래서 마케팅을 '인식의 싸움'이라 하는 것이다.

예를 들어 보험마케터는 보험의 약관을 팔지 않는다. 사고를 당했을 때 그것이 주는 엄청난 보상과 혜택을 판다. 즉 꿈을 팔아야 성공한다. 그 부분이 매직이다.

배우자가 사망했을 때 10억 원을 받을 수 있다는 광고는 매력적이다. 불행한 일이 생겨 홀로 남았을 때 그 돈이 큰 위안이 될 것이다. 물론 그것을 받을 기쁨이 아니라 그런 장치를 해놓았다는 만족감이 매직이다. 남편이 먼저 떠나도 상속이 가능한 종신보험을 남편 명의로 가입한 아내는 '준비성이 있어 현명한 아내, 현명한 엄마'라는 자부심을 갖게 된다. 그것이 매직이다.

한동안 변액보험이 한창 유행이었다. 변액보험의 콘셉트는 보험료를 내면 그 돈을 그냥 놔두지 않고 돈의 일부를 펀드나 주식에 투자해서 불려준다는 것이다. 그런데 한 영국계 보험회사의 변액보험 상품 광고 아이디어를 준비하던 중 벽에 부딪혔다. 보험 상품으로는 획기적인 아이디어였지만, 그 보험의 혜택이 그 회사만의 장점은 아니었던 것이다. 다시 연구에 들어갔다.

광고계에서의 연구는 소비자 연구다. 소비자에게 물어보아야 한다. 그래서 광고 아이디어 내는 일을 중단하고, 소비자 조사에 들어갔다. 수차례의 조사 결과 주된 타깃층인 30대 젊은 직장인들이 은퇴 후 생활을 가장 많이 걱정하고 있다는 사실을 알아냈다. '취업을 하자마자 벌써 은퇴를 걱정하는구나!'

그래서 지금까지 금전적 혜택을 이야기하던 변액보험의 콘셉트는 다 지워버리고 '은퇴 견적'이라는 새로운 콘셉트를 잡았다. 사람마다 각기 처지가 다르니 은퇴 후에도 경제적 안정을 얻으려면 각자의 상황에 맞는 견적을 내보라는 내용이었다. 그 예상금액을 우리는 '매직 넘버'라고 이름 붙였다. 드디어 TV광고 아이디어가 결정됐다.

비즈니스맨들이 무리지어 출근하는 아침 시간, 일제히 횡단보도를 건너는 그들의 등에 마라톤 선수의 백넘버처럼 네모난 판이 붙어 있다. 거기에 물음표가 그려져 있다. 한 비즈니스맨의 마음의 소리가 나온다. '은퇴 후에는 전원주택에서 살고 싶은데.' 예쁜 꽃집 앞을 지나는 중년 여성의 마음의 소리가 나온다. '이런 가게 하나 하고 싶은데.' 바쁘게 휴대전화로 통화를 하며 해외출장을 떠나는 회사원의 마음의 소리가 나온다. '은퇴 후에도 가족들이랑 해외여행을 다니고 싶은데.'

이어서 성우의 목소리가 흐른다. "지금, 당신의 은퇴 견적은 얼마입니까?" 화면은 보험사 로고로 마무리된다.

만일 새로 나온 변액보험의 혜택만을 강조해서 팔았다면 로직이다. 한 걸음 더 나아가 그 상품을 만나면 좋을 이유를 팔면 매직이다. 평소 보험을 증권, 도박, 영화투자와 더불어 피하며 살던 나도 슬그머니 견적을 내보게 됐다. 촬영하며 얻은 책도 한 번 정독을 했다. 내게도 매직이 찾아오지 않을까 하여.

무슨 메시지든 이성적인 이유만 내세워 권유하면 팔기 어렵다. 메시지를 보내는 이가 로직으로 시작했으므로 소비자도 자연스럽게 로직으로 함께 따지게 되기 때문이다. 로직을 입에 쓴 알약으로 비유하면, 매직은 쓴 알약에 껍데기를 씌운 당의정이다.

때로 우리는 지나치게 똑똑하다. 로직에 맞지 않으면 무시한다. 그러나 로직에 딱 들어맞았던 아이디어가 반드시 성공하는 것은 아니다. 전략적이고 싶다면 매직을 활용하라.

로직은 기본이다. 내가 아이디어를 내면, 기다렸다는 듯이 비판의 칼날을 하나씩 품고 따지고 드는 사람이 주위에 너무도 많다. 로직에 의해 검증되지 않은 매직을 두려워해서 망설이는 것이다.

그러니 뜬구름 잡는 이야기를 하라. 처음에는 깨지기 쉽지만, 조금만 밀고 나가면 다 따라온다. 그것이 매직의 힘이다. 입증되어 눈에 보이지 않아 처음에 팔기 어려워서 그렇지 일단 구체화해 놓고 나면 모두들 좋아한다.

다 큰 어른들이 디즈니랜드를 찾는 이유는 무엇일까? 놀이기구를 타러? 물론 맞는 말이다. 하지만 이들의 마음속에 자리 잡은 또다른 무언가를 찾아내야 한다.

아무 걱정 없이 마냥 즐겁기만 하던 어린 시절에 대한 환상과 꿈 때문에 가는 것이다. 그래서 디즈니랜드는 '마법의 세계, 모험의 세계, 환상의 세계'다. 그런 매직을 파는 것이 고수의 방법이다(앗, 다 쓰고 나서 다시 읽어보니 이 글도 로직에 맞지 않는다. 매직에 기대는 수밖에).

아이디어는 하이브리드다

사람들은 합리적인 것을 좋아한다. 하지만 아이디어 세계에서는 때때로 일부러 불합리해질 필요가 있다. 논리적인 것만 고수하다 보면 우리의 생각이 익숙하고 안전한 쪽으로 흡수되어 버리기 때문이다. 엉뚱한 것을 갖다 붙여서 불합리하지만 재미있는 하이브리드 아이디어를 만들어보자. 경영전문가 스콧 소프는 그의 책 『아인슈타인 발상전략』에서 이를 '개념합성'이라고 부른다. 개념합성 습관을 기르면 새로운 개념을 확장할 수 있고, 그 과정에서 만나는 개념들의 새로운 가능성을 볼 수 있다는 것이다. 그가 소개하는 몇 가지 기술을 알아보자.

1 유머

뇌는 우리 몸의 면역체계와 똑같다. 우리 몸이 외부 인자를 거부하듯이 뇌도 낯선 개념들을 거부한다. 뇌는 이미 익숙한 것만 받아들이므로 창조적 사고를 거부하도록 훈련되어 있다. 그런데 유머가 그것을 깨버린다. 그러므로 어려운 문제에 직면하면 농담을 던져라. 예를 들어 지구의 기아 문제를 해결해야 한다면 그것을 못과 연관지어 보자. 아니 도대체 기아와 못은 무슨 관계인가? 못은 망치와 관계 있지 않나? 엉뚱한 걸 갖다붙여 재미있는 아이디어를 내자는 얘기다.

- 기아로 고생하는 지역에 못으로 식료품 가게를 더 세울 수 있다 : 가게를 지으려면 못이 필요하다.
- 부정축재 정치인들의 사무실을 못으로 박아버린다 : 그들의 부정 때문에 내가 굶게 됐으므로.

2 시각화

여러 나라의 대통령이나 수상이 재난현장을 시찰하는 뉴스를 종종 본다. 그들이 실제로 하는 일은 바쁜 사람들을 더 정신없게 만드는 것뿐이다. 그러나 대중적 홍보 효과는 뛰어나다. 문제를 시각화하면 훨씬 쉽게 해결된다.

3 비유

비유는 무관해 보이는 여러 개념들을 연결시킨다. 바로 거기서 새로운 아이디어가 나온다. 운전하는 사람은 카스테레오로 음악을 듣는다. 걸어서 출퇴근하는 사람의 MP3 플레이어는 카스테레오에 비유할 수 있다.

4 조합

다양한 개념들을 끊임없이 조합하면서 위대한 아이디어를 창조해 낼 수 있다. 최초의 비행기는 글라이더에 엔진을 단 것이었고, 2인승 범선은 서핑보드에 돛을 단 것이었다. 지우개가 달린 연필은 지우개를 잘 잃어버리던 사람이 고안한 것이었다.

2장

Creative Mind

아이디어는 자신과의

기싸움이다

11 남의 아이디어를
좋아하는 사람은 없다

CREATIVE POWER

> 사람들은 자신이 생각해 낸 것이 아니면
> 반대하는 본능을 갖고 있다.
>
> —반스 윌리스

15일 하고도 7시간이 지났어요, 당신이 가버린 지.

난 밤만 되면 돌아다니고, 낮에는 온종일 잠만 자요,

당신이 가 버린 후에는.

(중략)

멋진 레스토랑에 가서 저녁 식사를 할 수도 있지요.

하지만 아무것도, 아무것도 이 우울함을 지울 수가 없어요.

세상의 아무것도 당신과 비교할 순 없으니까요.

- 시네이드 오코너의 〈낫싱 컴페어스 투 유(Nothing Compares 2U)〉

사랑하던 이와 헤어지고 나면, 모든 유행가의 가사가 갑자기 내 이야기가 된다. 가사 쓰는 이들은 어쩌면 그렇게 내 마음을 잘 읽어낼까? 어느 고속도로 휴게소에서 들은 노래의 제목은 〈내가 갈까, 네가 올래?〉다. 딱 8음절로 표현한 연인 사이의 심리묘사가 절묘하다.

유치함에 대한 경계심을 버려라

유치하다고? 전혀 그렇지 않다. 주인공의 절절한 심정이 생생하게 전달된다. 대중가요건 오페라건 장르와 상관 없이 일단 사람들의 감정을 움직였다면 모두 존중받아 마땅하다. 오늘날 우리가 즐겨 듣는 유명한 오페라는 항상 고급스러운가? 꼭 그렇지는 않다.

그런데 고급스럽고 수준 높게 들리는 아리아도 정작 가사 내용을 보면 유치하기는 마찬가지다. 가사를 모른 채 감미로운 멜로디와 악기의 선율, 가수의 목소리에 빠져서 눈 지그시 감고 듣지만, 그 대사가 "물 좀 줘요. 목 말라요!" 같은 일상적인 내용인 경우가 많다.

모차르트의 오페라 〈돈 조반니〉에서 돈 조반니는 농부 마제토의 약혼녀 체를리나와 육체적 관계를 맺어보려다 실패한다. 오해한 마제토는 체를리나를 다그친다. 그녀는 손만 잡고 잤는데 아이가 생겼다는 식의 대답을 한다.

"하지만 나쁜 짓은 안 했어요. 잠시 마음이 흔들리기는 했지만 몸은 멀쩡해요. 나를 믿지 못하세요? 그러면 속이 후련하게 나를 때리세요. 그리고 우리 다시 시작해요. 당신의 가련한 체를리나를 때려주세요. 양처럼 앉아 당신의 매를 맞겠어요."

무시하는 것은 당신 일,
들이대는 것은 나의 일

누군가의 아이디어를 고급과 저급으로 나누는 것은 관점의 차이다. 아이디어 회의에서도 거의 매일 벌어지는 논쟁이다. 누군가 아이디어를 내면 일단 어떤 핑계를 대서라도 잘라 버린다. "유치하다"라고 말한다. "그런 건 나도 앉은자리에서 100개는 낼 수 있겠다"라고 말한다. 그러면서 정작 자신은 아무 아이디어도 꺼내놓지 않는다.

참 이상하다. 왜 사람들은 다른 사람이 만들어낸 생각을 쉽사리 인정하려 들지 않을까? 실제로 백지 한 장 채우는 일이 얼마나 어려운지 모를 리가 없다. 상대의 마음을 움직이기 위해 이메일 한 통 실감나게 쓰기가 얼마나 힘드는지 잘 알 텐데.

광고주 프레젠테이션을 마치고 돌아온 신입 카피라이터가 사무실로 들어오자마자 시안 가방을 휙 집어던지며 씩씩거린다. 굳이 묻지 않아도 왜 그러는지 대충 알 수 있다.

"오늘도 못 팔았어요. 방향도 제대로 안 정해주고 아이디어만 탓해요. 나를 너무 무시해요. 게다가 말도 안 되는 아이디어를 자기가 직접 내더라구요."

위로랍시고 한마디 건넨다.

"우리 일이 원래 그래. 월급이 적건 많건 간에 창피 당하는 값을 받는 거야. 월급에 다 들어 있어. 빌 게이츠의 표현대로 세상은 원래 공평하지 않은 거야."

만일 광고주와 광고회사가 서로를 너무 존중하는 나머지, 만나면 예쁜 말만 하고, 죽을죄를 저도 뭐라 하지 않고, 늘 어깨를 두드리며 격

려해 주면서 일한다면 얼마나 좋을까?

안 된다. 진짜로 그렇게 된다면 큰 문제다. 그러면 누구나 광고 일을 할 수 있게 될 테니까. 나를 '무시'하는 것은 너의 일이고, 쉬지 않고 '들이대는' 것은 나의 일이라고 생각하자.

오른쪽 귀로 들은 무시하는 말은 왼쪽 귀로 흘려버려라. 5분 전에 비난받았던 일은 빨리 편집해 버리는 것이 몸에 좋다.

누가 뭐라 해도, 그래서 좀 창피해도 아이디어를 계속 내야 한다. 사실 내 아이디어를 거부하는 사람들은 나를 질투하고 있는지도 모른다. 자기가 하고 싶은데 내가 먼저 얘기해서 부러워하고 있는지도 모른다. 사람들은 자신이 생각해 낸 것이 아니면 반대하는 본능을 갖고 있다. 어느 광고 카피처럼 "고객이 만족할 때까지" 계속 아이디어를 내자. 그래도 싫다면 또다시 하면 된다. 결국 순간의 창피함이 영원한 행복을 가져다준다.

사람들이 내 아이디어를 싫어한다고 마음 상하지 마라. 비난을 두려워 마라. 누구도 나와 생각이 언제나 같을 수는 없다는 것을 인정하라. 때에 따라 내 아이디어를 싫다고 한 것이지 내가 싫다는 이야기는 아니지 않은가.

때로는 마음을 비울 수 있어야 한다

결코 내 아이디어와 사랑에 빠지지 마라. 나도 내 아이디어를 흔쾌히 버릴 수 있어야 한다. 그러면 마음이 편해진다. 그까짓 아이디어는 다시 내면 된다. 내는 데 돈이 드는 것도 아니지 않은가?

열심히 프레젠테이션을 마쳤더니 광고주가 물었다.

"여러 아이디어를 가져오셨는데, 어떤 게 제일 좋으세요?"

웃으며 대답했다.

"열 손가락 깨물어 아프지 않은 손가락이 있겠어요?"

나의 대답이 부메랑이 되어 내 얼굴로 돌아왔다.

"다 마음에 들지 않는데요. 다시 한 번 해오시죠."

몇 초간 할 말을 잃었다. 다음 몇 초 후 얼굴에 아무것도 맞지 않았다는 듯이 대답했다.

"가장 빠른 시간 안에 다시 해오지요."

사무실로 돌아온 내게 기다리고 있던 팀원들이 물었다.

"어떻게 됐어요? 잘 끝났어요?"

나는 그 말을 듣자마자 들고 있던 시안 가방을 집어던지며 볼멘소리를 했다.

"에이! 어쩌면 그렇게 말귀를 못 알아듣지? 못 해먹겠네. 창피해서 정말!"

신입 카피라이터가 내게 말한다.

"창피당하는 값을 받는 기예요. 월급에 나 들어 있어요."

슬그머니 나 자신에게 속삭여본다.

"어이! 잊었나? 언짢아하지 말라고. 사람들은 자기가 생각해 낸 것이 아니면 반대하는 본능을 갖고 있다니까."

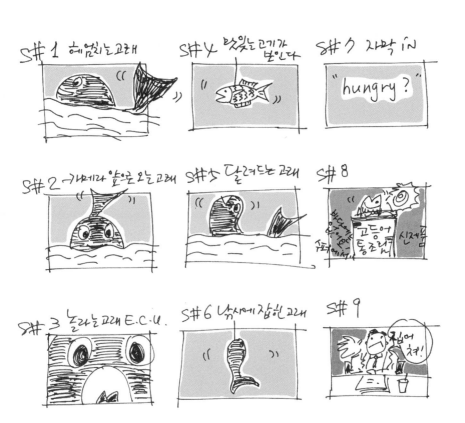

남의 아이디어를 좋아하는 사람은 없다!

끈기의 기술을 습관화하는 5단계

자신 있게 제시한 아이디어가 일언지하에 거절당하면 마음의 상처를 받게 마련이다. 두 번 세 번 거절당하면 다시는 도전하려는 마음이 들지 않는다. 심한 경우에는 일을 그만 두고 싶은 생각마저 들기도 한다. 그러나 아이디어를 관철시키기 위해서는 끈기가 필요하다.

이시다 준은 『끈기의 기술』에서 끈기는 강한 의지나 타고난 근성과는 관계가 없다고 말한다. 성격, 나이와도 관계가 없으며, 돈도 들지 않기 때문에 누구나 쉽게 배울 수 있다는 것이다. 끈기의 기술을 습관화하는 5단계를 그에게서 배워보자.

1 목표행동을 정말로 꾸준히 해나가고 싶은지
  자기 자신에게 묻고 답해본다.

2 목표행동이 부족행동(영어회화 등)인지 과잉행동
  (다이어트 등)인지를 파악한다.

3 수치화한 목표를 설정하고 주변사람들에게 알린다.

4 측정하고 기록하라.

5 점검하라.

말콤 글래드웰은 『아웃라이어』에서 1만 시간의 법칙을 이야기했다. 한 분야의
전문가가 되려면 적어도 하루 3시간씩, 일주일에 20시간을 10년 동안 노력해
야 한다는 것이다. 조바심을 버리고 길게 보자. 아이디어를 한 번에 팔기는 매
우 어렵다. 끈기가 필요하다. 스피노자는 "자신은 할 수 없다고 생각하는 동안
사실은 그것을 하기 싫다고 다짐하고 있는 것이다. 그러므로 그것은 실행되지
않는 것이다"라고 말했다.

12

그래도 아이디어가 안 떠오르면 다른 프로젝트로 넘어가라

> 계획을 세우는 시간이 길어질수록 실행에 옮기는 시간이 줄어든다.
>
> ―로타르 자이베르트

'프랑크푸르트'. 새로 출시될 자동차의 이름을 짓고 있는 방 이름이다. 벌써 며칠째 이 방에서 머리를 쥐어짜고 있다. 정말 독일 프랑크푸르트에 가서 하는 것은 아니고, 기분만 그런 것이다. 변국장은 '금연빌딩'이라는 표지판 바로 아래서 보란 듯이 연신 담배를 뻐끔거리고 있다. 화이트보드 가득 적은 이름들이 모두 마음에 들지 않는다고 계속 우리만 타박하고 있다.

우리 중 누군가 새로운 이름을 말하면 '그건 이전에 있었어'라는 표정으로 마지못해 천천히 적어나간다. '저 사람은 아이디어만 내면 무조건 아니래. 네가 해봐, 네가 해봐!'라고 말하고 싶지만 참는다. 내가 봐도 아직 별 뾰족한 아이디어가 나오지 않은 것이 틀림없기 때문이다. 세계의 브랜드 네임을 모아놓은 책도 슬쩍 펼쳐보고, 이전에 냈던 아이디어도 조심스레 말해 보지만 아직 함량 부족이다.

순간 좋은 브랜드네임을 만들기 위한 가이드라인이 머릿속을 스쳐간다. 부르기 쉬울 것, 외우기 좋을 것, 제품 특징을 담을 것, 차별화될 것, 법적으로 등록될 것, 부정적인 연상이 없을 것 등. 하지만 그것들을 모두 충족하는 이름이 좀처럼 나오지 않는다. 어떤 이름이 좀 괜찮다 싶어서 찾아보면 이미 누군가가 다 등록해 두었다.

그뿐인가? 비슷한 이름까지 다 등록해 놓아서 따라 하기도 어렵다. 예를 들어 '아리랑'이라는 이름이면 '아리 아리랑'과 '쓰리랑'까지 등록해 둔 것이다. 오늘도 수확이 없이 회의가 끝난다.

▌오버 싱킹을 경계하라

아이디어를 내기 위해 머리를 쥐어뜯으며 너무 오래 생각하면 반드시 막힌다. '오버 싱킹(over-thinking)' 현상이 생기기 때문이다. 미시간 대학 심리학과의 수잔 놀렌 혹스마(Susan Nolen-Hoeksema) 교수는 지나치게 생각이 많아 부질없는 걱정이 떠나지 않는 현상을 '오버 싱킹'이라고 표현했다.

이는 부정적인 생각이 꼬리에 꼬리를 물고 계속되는 현상이다. '이 아이디어를 발표하면 나를 우습게보지 않을까?' '내 지적 능력을 의심하지는 않을까?' '말도 안 된다고 하지 않을까?' '누가 이미 하지 않았을까?' '너무 상황 파악을 못한다고 하지 않을까?' 등등.

정도가 심해지면 오버 싱킹을 자기 자신을 깊이 돌아보는 자기반성이라고 생각하게 된다. 그래서 자신의 부정적인 측면만 생각한다. 거의 자아 비판 수준이다.

문제는 이러한 오버 싱킹이 아주 쉽게 전염된다는 사실이다. 정서는 아주 간단한 눈짓, 몸짓, 표정으로도 그대로 전염된다. 특히 불안과 같은 부정적 정서는 긍정적 정서에 비해 더 빠르게 전염된다.

오버 싱킹을 경계하라. 아이디어가 있다면 일단 발표하고 볼 일이다. 따지고 보면, 발표했다가 능력을 의심받으나 가만히 있다 의심받으나 마찬가지다.

아이디어가 막히면 다른 일을 하라

아무리 노력해도 아이디어가 나오지 않을 때가 종종 있다. 책상 위에 머리를 찧으며 답답해 한다고 멈추어버린 생각이 튀어나오지는 않는다. 아이디어가 막히는 데는 다 이유가 있다. 예를 들어 자동차 광고 아이디어를 낼 때는 우선 며칠 동안 전 세계의 자동차 광고를 모두 살펴본다. 그러다 보면 머리가 그 광고 세계 안에 갇히게 되고 아이디어를 낼 때 자기도 모르게 비슷한 장면들을 표현하게 된다. 계속 봐서 익숙해진 장면이 자동으로 머리에 떠오르는 까닭이다.

자동차 광고에는 다음 장면 중의 하나가 늘 등장한다. 그래서 다 비슷해 보인다.

- 자동차가 고층 빌딩이 빽빽한 도시 혹은 아래에 바다가 보이는 구불구불한 절벽 길을 달린다.
- 기어 변속 장면을 클로즈업 해서 보여준다.
- 미녀가 운전할 때는 짧은 스커트를 입은 다리를 보여준다.
- 그 미녀는 운전하며 괜히 혼자 웃는다.
- 남자는 신사복을 입고 근엄한 표정으로 운전한다.
- 자동차가 달릴 때 보닛 위에 나무 그림자가 지나간다.
- 계기판의 바늘이 몹시 빠르게 올라간다.

누가 자동차 광고는 꼭 이래야 한다고 했는가? 차별화가 생명인 광고에서는 정말 곤란한 일이다. 잠시 벗어나자. 자동차 광고를 고민할 때는 식품 광고나 화장품 광고를 보자. 자동차 광고 아이디어는 다른 자동차 광고 속에 있지 않다. 드라마 속에 있다. 〈동물의 왕국〉 같은 다큐멘터리 속에 있다. 패션쇼에 있다. 9시 뉴스에 들어 있다. 컴퓨터 게임 속에 숨어 있다. 아이디어는 다른 과목에 있다.

생각이 막혔다고 불평하지 마라. 아이디어가 막히면 하던 일을 멈추고 다른 프로젝트로 넘어가보라. 우리의 뇌는 처리하지 못한 일들을 끊임없이 환기시킨다. 거기서 벗어날 필요가 있다.

머릿속을 잠시 씻어내라

한 문제에 대해 골똘히 생각하다 보면 어느 순간 막다른 골목을 만나는 것은 당연하다. 이전에 그와 비슷한 문제를 해결해 본 경험이 없었기 때문이다. 또 마음 한구석에서 이번 일을 최대한 잘해야겠다는 '욕심'이 작용하는 바람에 그 무게가 생각을 누른다. 생각이 막힌 것을 그대로 인정하라. 또 내가 이럴 리가 없다는 생각을 멈추어라.

옛날 소아시아의 고르디온이란 도시 신전에 매듭이 묶여 있는 수레가 있었다. 이 매듭을 푸는 자가 세상을 지배하는 왕이 된다는 예언에 따라 많은 사람들이 매듭을 풀려고 했지만 그 누구도 풀 수 없었다. 그런데 알렉산더는 매듭이 안 풀리자, 칼로 매듭을 내리쳐 잘라버렸다. 그리고 예언대로 그는 세상을 지배하는 왕이 되었다.

누구나 알렉산더 대왕처럼 될 수 있다. 잘 풀리지 않는 아이디어가 있다면 발상의 전환이 필요하다. 이럴 때는 과감히 접고 머리를 씻어내야 한다. 그 문제를 잊어라. 그런 다음 한참 있다 다시 바라보면 문제를 보는 눈이 바뀔 것이다.

지금까지 꼬이고 엉켜서 도저히 풀 수 없을 것 같던 문제가 갑자기 쉽게 풀릴 수 있다. 이미 한참 전에 거기에서 빠져나와 머리를 비웠기 때문에 이제는 더 이상 그 문제가 어렵지 않게 여겨지는 탓이다.

머리를 씻어내려고 해도 잘 안 된다면 다음 방법을 이용해 보자.

● **처음부터 다시 시작한다** : 생각 여행을 하는 동안 여러 가지 요인들이 아이디어를 복잡하게 만들었을 것이다. 리셋 버튼을 눌러 다 삭제해 버리고 다시 시작한다.

● **친구와 의논한다** : 친구에게 전화를 걸거나 문자를 보내 좋은 생각이 없는지 물어보라. 그가 툭 던진 한마디가 갑자기 해결의 실마리

가 될 수 있다.

● **마감시간을 철저히 지킨다** : 빡빡한 스케줄은 좋은 아이디어를 내게 하는 원동력이다. 목에 칼이 들어와도 마감시간을 지켜야 한다고 생각해 보라. 마지막 순간에는 거짓말처럼 해결책이 나온다.

● **방해요인으로부터 도망간다** : 아이디어가 지금 나오지 않으면 1시간 후에도 나오지 않는다. 접고 나가라. 지금 있는 곳에서 벗어나라. 잃어버렸던 조국을 다시 세우는 큰일을 하는 것도 아닌데, 그렇게 인상 쓰며 고민할 필요 없다.

● **일하지 않고 논다** : 아이디어를 내야 한다는 사실을 의식적으로 잊고 그냥 놀아라. 물론 숙제가 있다는 것을 완전히 잊어버릴 수는 없다. 노는 동안에도 뇌는 자동으로 돌아간다. 그러다가 좋은 아이디어가 불쑥 튀어나온다.

CREATIVE TIP

머리를 비우는 9가지 비법

사람의 뇌는 자신의 처리 능력을 넘는 상황에 부딪히면 불안감을 느껴 효율이 급격히 떨어진다. 그러므로 때로는 한발 뒤로 물러나 머리를 비워야 한다. 막히면 빠져나와 딴 짓을 하자.

1 커피의 힘을 믿어라

카페에 들러 분위기를 즐겨라. 사람들의 입 모양을 보며 무슨 말을 하는지 추측해 보라. 카페라테에는 우유가 얼마나 들어갔을지, 제3세계 어린이들의 노동력을 착취해서 만든 커피는 아닌지, 그동안 컵 보증금을 얼마나 받아갔는지 등등을 생각해 보라. 커피 한 잔을 앞에 두고 앉으면 누구나 작가가 된다.

2 나 홀로 돌자, 동네 한 바퀴

홍콩이나 베이징, 방콕 뒷골목만 재미있는 게 아니다. 우리 동네 골목골목에도 이야기가 숨어 있다. 큰 건물의 로비에도 들어가보라.

3 낮술을 하라

무라카미 하루키는 비행기 여행을 좋아하는 이유를 꼭 저녁이 되어야 마시는 맥주를 사람들 의식하지 않고 아침부터 마실 수 있기 때문이라고 말했다. 도대체 누가 아침에 꼭 아침밥 먹고, 저녁에 꼭 저녁밥 먹으라고 정했는가?

4 대형 서점에 가라

신간을 확인하라. 부문별 베스트셀러는 왜 베스트셀러가 됐는지 살펴보라. 전혀 관심 없던 섹션에도 가보라. 아랍어 교본이나 스와힐리어 책을 펼쳐보는 것도 재미있다. 《플레이보이》나 《펜트하우스》를 뒤적이는 것도 좋다. 영어 실력이 빨리 는다. 책방에 꼭 책만 보러 가는 것은 아니다. 누가 아는가, 영화 〈세렌디피티〉 같은 운명적인 만남이 기다리고 있을지?

5 CD 가게에 들러라

한 번씩 들어보고 지금 뜨는, 혹은 앞으로 뜰 음악을 예상해 보라. 그런 게 가볍다면 구스타프 말러의 교향곡을 들어보라. 참을성을 키울 수 있다. MP3 때문에 망가져가는 음반 산업을 살릴 방법도 한번 생각해 보라.

6 달리기를 하라

한 카피라이터는 자기가 낸 아이디어가 거절되어 좋지 않은 말을 들어도 결코 화를 내지 않는다. 슬그머니 회사 9층에 있는 작은 체육관으로 가 트레드밀에 올라선다.

7 편지를 써라

최근에 이메일 말고 직접 편지를 써본 적이 언제인가? 보통우편으로 편지를 보내려면 얼마짜리 우표를 붙여야 하는지 아는가?

8 DVD로 영화나 뮤직 비디오를 보라

빨리 끝나는 단편을 보라. 머리가 유연해진다. 채플린의 고전영화들을 보고, 채플린의 표정과 동작을 한번 따라 해보자. 그런 게 싫으면 타르코프스키 감독의 영화나 이란 영화를 찾아보라. 색다른 묘미를 느낄 수 있다.

9 다 귀찮다면

이런 것 저런 것 다 귀찮으면 꼼짝하지 말고 앉아 컴퓨터 모니터를 째려보는 낼 수밖에. 그래도 최소한 손을 움직여 뭔가 적기를 권한다.

12 그래도 아이디어가 안 떠오르면 다른 프로젝트로 넘어가라

13

내 안의 경찰관, 내가 나를 검열하지는 않는가

> 당신 자신이 콤플렉스를 갖고 있는 한,
> 누구도 당신의 능력에 관심을 갖는 일은
> 없다.
>
> ─루스벨트

내 안에 경찰이 살고 있다. 무시무시하고 서슬 퍼런 모습을 한 비밀경찰이다. 서로 바빠서 보통 때는 만날 일이 없다. 그러다가 내 안에서 키우던 새로운 생각이 입 밖으로 나가려고만 하면 혜성처럼 나타난다.

도대체 어디에 있었지? 그는 힘이 무척 세다. 보통 센 것이 아니다. 그가 단순히 교통정리와 치안 유지만 맡는 게 아니기 때문이다. 그는 내 안의 모든 아이디어를 검열하는 책임자다.

사실은 아이디어 낼 때만 그가 등장하는 것은 아니다. 내가 깨어 있는 한 하루에도 수백 번씩 나타난다. 점심으로 무엇을 먹을지 고민할 때, 오늘 누구를 만날지 고민할 때, 무슨 옷을 입을지 고민할 때 반드시 나타나서 나를 지도해 준다. "콜레스테롤이 많으니 노른자는 먹지 마라. 만난 지 한 달도 더 됐으니 오늘 전화해라. 점잖은 자리니 얌전한 옷을 입어라" 등등.

무서운 것은 내 안에서 그가 매일매일 자라고 있다는 사실이다. 계속 승진에 승진을 거듭하며 승승장구하고 있다. 그가 무섭다.

내 안의 비밀경찰에게 이별 선언을 하자

이제 그만 만나자. 그와 헤어지자. 모질게 마음먹고 그에게서 도망쳐야 한다. 그는 새로운 아이디어의 적이다. 이전에 나온 아이디어와 조금이라도 다르면 양손을 벌려 막는다. 웬만한 것은 발표도 못하게 한다. 그가 잠시 한눈을 팔 때 도망치려 하면 귀신같이 알아채고 따라온다. 그림자처럼 붙어 있다. 참 질기다. 그러나 계속 이래서는 곤란하다. 그와 헤어지려면 정말 모질게 마음을 먹어야 한다.

드디어 오늘 헤어진다. 큰마음 먹고, 그에게 이별 선언을 한다. 섭섭해 하겠지만 어쩔 수 없다. 깜짝 놀란 그가 말린다. 깡패가 되려느냐고 진심으로 걱정한다. 자기와 헤어지면 누가 나를 돌보느냐고 근심 어린 표정으로 묻는다. 걱정이 넘친다.

아이디어 세상이 얼마나 험한데 혼자 나서느냐고 묻는다. 자기 없이는 깨질 게 틀림없다고 한다. 자기 없이 내가 단독으로 아이디어를 내면, 사람들이 흉볼 것이라 한다. 아니, 비난할 것이라 한다. 자기가 없

13 내 안의 경찰관, 내가 나를 검열하지는 않는가

는 나는 앞으로 위험하고 무례한 아이디어만 낼 것이라 한다.

그동안의 전례를 보면 내가 미풍양속을 해치는 아이디어를 많이 낼 것이라 한다. 프로젝트의 목표와는 동떨어진 엉뚱한 아이디어만 낼 것이라 한다. 나는 아이디어마다 선정적일 것이라 한다. 경쟁사 아이디어를 따라 할 것이라 한다. 차마 아이디어라고 할 수 없는 아이디어를 주로 낼 것이라 한다. 너무 풍자적인 아이디어를 즐겨 낼 것이라 한다.

내가 삐딱한 시선으로 사물이나 현상을 볼 것이라 한다. 바로 말하지 않고, 꼭 빗대어 말할 것이라 한다. 비틀어서 표현할 것이라 한다. 비교해서 말할 것이라 한다. 잘 나가다 꼭 마지막에서 결말을 뒤집을 것이라고 한다. 내 멋대로 말할 것이라 한다. 그러다 보면 내가 곧 아이디어 직업을 잃을지도 모른다고 한다.

굳이 내가 경찰 노릇을 할 필요는 없다

양쪽 귀에 붙어 있던 이어폰에서 흐르던 음악이 점점 커진다. 사실은 이 음악이 그 무서운 경찰과 헤어지게 된 계기다. 핑크 플로이드의 〈벽 속의 벽돌 하나(Another Brick in the Wall)〉다.

우리에겐 교육이 필요 없어요.
생각을 통제하지 마세요.
이제 더 이상 수업시간에 빈정거리지 마세요.
이봐요, 선생님. 애들 좀 그냥 놔둬요.

내 안의 경찰과 이별하라!

이봐요, 선생. 애들을 그냥 놔두라니까요.

이건 결국 벽에다 벽돌 하나 더 쌓는 셈이죠.

당신도 그저 벽 위의 또 하나의 벽돌입니다.

정확히는 그 곡이 나오는 음악영화 속의 한 장면 때문이다. 그 곡을 들으면 앨런 파커 감독이 연출한 음악영화 〈핑크 플로이드의 벽〉에 나오는 장면이 자동으로 연상된다.

하얀 셔츠에 넥타이 매고 검정 교복을 단정하게 입은 어린아이들이 음악에 맞추어 행진한다. 너무도 착하게 줄 맞추어 걷는 모습이 마치 자의식이라곤 없는 로봇처럼 보인다.

다음 장면에는 목각인형처럼 꼿꼿한 자세의 아이들이 단체로 어떤 기계 속으로 빨려 들어간다. 그 기계는 정육점에서 고기를 가는 기계다. 속에 들어갔던 아이들은 가는 구멍을 통해 소시지가 되어 나온다.

그래, 이런 식으로 그저 그런 아이디어나 내다가는 내가 바로 저렇게 될 거야. 소시지로 된다고. 소시지가 뭐가 어때서? 이유 없이 소시지를 나무랄 것은 없다.

하지만 소시지는 소시지다. 안심이 될 수 없다. 등심, 채끝, 제비추리처럼 그 부위만의 독특한 맛이 나지 않는다. 나는 그동안 너무 착했다. 하라는 대로만 했다. 너무 오랜 시간 경찰과 동거했기 때문이다. 이제는 어림도 없다. 소시지는 싫다. 미안하다. 독립이다.

잘했다. 내 안의 경찰과 헤어지길 잘했다. 비판 의식을 키우고, 늘 깨어 있는 자세는 중요하다. 단, 아이디어 세계에서는 그것을 무시해도 좋다. 좋은 생각이라 생각되면 일단 쏟아내라.

굳이 내가 경찰 노릇을 할 필요는 없다. 호시탐탐 기회를 노리며 내 아이디어를 감시하려는 사람들은 도처에 있다. 나는 쏟아낸다. 그러면 꼭 누군가가 나타나서 나를 지도하려 든다. 원래 그렇게 되어 있다.

나의 기안은 대리님이, 차장님이, 부장님이, 이사님이 보신다. 그래야 채택이 되든 말든 결정된다. 은근한 질시의 눈으로 바라보는 동료들의 시선도 무시할 수 없다. 내가 아이디어만 내면 무조건 반대하는 사람도 있다. 대놓고 뭐라고 하지는 않지만, 늘 고개를 갸우뚱거리는 동료가 있다. 경찰 노릇은 그들만으로도 충분하다.

▌미쳐서 하는 사람을
▌당할 수 없는 법이다

사실 아이디어를 내는 일은 그렇게 거창하고 심오한 일이 아니다. 누군가의 시선을 의식해서 지레 겁먹고 엄숙해지지 마라. 아이디어를 내는 일은 재미있는 일이다.

내 아이디어를 듣거나 보고 마음을 여는 사람들이 있다는 것이 얼마나 신나는 일인가? 아이디어란 깨지라고 있는 것이라고 생각하라. 그러면 마음이 편하다.

세상에 나와 같은 생각을 하는 사람은 한 명도 없다는 것을 인정하라. 그러므로 처음에 내 아이디어를 사주지 않는다고 기분 나빠 하지 마라. 다른 사람들의 아이디어를 들으면 나도 그것을 우습게 생각하니 피차 마찬가지다. "저런 걸 아이디어라고 내다니 한심하군. 정말 유치해"라고 생각하며 자신감을 얻는 것이다. 거꾸로 내가 그런 유치한 아이디어를 내더라도 상관없다. 그냥 계속하라.

무슨 일이든 그냥 하는 사람은 열심히 하는 사람을 당할 수 없고, 열심히 하는 사람은 즐기며 하는 사람을 당할 수 없고, 즐기며 하는 사람은 미쳐서 하는 사람을 당할 수 없는 법이다.

일본의 저술가 오하시 에츠오는 『계속 모드』에서 우리가 계속하는 것을 방해하는 감정을 '예외라는 요정, 불안이라는 장난꾸러기, 슬럼프라는 도사'에 비유한다.

이 3가지 감정이 계속하려는 우리를 공격한다. 아침에 일찍 일어나

조깅을 하려고 마음먹었지만, '오늘은 비가 내리니 건너뛰자' '어제 과음을 했으니 오늘은 쉬어도 되겠지' 라는 달콤한 유혹을 '예외' 라는 요정이 만든다. '불안' 이라는 장난꾸러기는 '이렇게 노력하는데도 잘 안되면 어떡하지?' '이렇게까지 절약하지 않아도 되잖아?' 라는 쓸데없는 걱정거리를 만든다. '슬럼프' 라는 도사는 '난 역시 안 돼!' 라는 패배감으로 우리를 좌절하게 만들기도 한다.

그리고 일본 유니참의 창업자인 다카하라 게이치로는 『계속 하는 힘』에서 아오키 주로라는 첼리스트의 이야기를 들려준다.

"그는 90세 가까운 고령으로 '바흐 연주곡' 을 음반으로 낸 노력가다. 매일 4시간 동안 첼로 연습을 한다. 오랜 세월 하루도 거르지 않는 연습으로 갈비뼈가 너무 두꺼워져 엑스레이를 찍어도 폐가 나타나지 않는다고 한다. 그의 뛰어난 연주 실력은 바로 이러한 연습과 노력의 결과다. 자기 분야에서 두각을 나타내려면 누구든지 그 첼리스트처럼 부단한 연습과 노력을 게을리 하지 말아야 할 것이다. 나 역시 '다른 사람의 좋은 점을 받아들여 내 것으로 만들어야지.' 하는 생각에 메모하고 매일 복습해 온 게 어언 40년째다. 그렇게 해서 모인 노트가 600권이 넘는다."

아이디어는 원래 이상한 것이다

내 아이디어에 대한 사람들의 반응은 언제 어디서 터져나올지 모른다. 때로는 데드라인에 몰려 어쩔 수 없이 발표한 아이디어에 사람들이 열광한다. 모두 자기가 낳은 자식처럼 좋아한다. 누가 아는가, 검열 없이 더듬거리며 발표한 아이디어가 장외 홈런으로 이어질지.

타자는 안타를 30퍼센트만 쳐도 잘하는 선수로 평가받는다. 광고업계에서도 아이디어 10개 내서 3개 정도 팔면 우수 선수로 등극한다. 어깨에 힘 빼고 가볍게 날린 아이디어가 성공 확률이 높다. 유연하기 때문이다.

누가 뭐라고 하지도 않았는데, 내가 먼저 나서서 내 아이디어를 잘라버리지 마라. 아이디어를 발표하려니 아무래도 뭔가 이상하다는 느낌이 드는가? 그러면 됐다. 원래 이상한 것이 아이디어다.

"아이디어란 낡은 요소들의 새로운 조합이다." 아이디어는 어느 날 갑자기 하늘에서 뚝 떨어지는 것이 아니다. 아이디어의 출발은 기존의 아이디어에 있다. 우리가 낡았다고 생각하는 기존의 아이디어를 새롭게 조합만 해도 몇 개의 아이디어가 바로 나온다. '아이디어 뱅크'라고 부르는 대부분의 사람들은 이런 조합에 능한 사람들이라고 할 수 있다.

예를 들어 금연을 권장하는 광고는 세계 각국에서 이미 너무도 많은 아이디어를 냈으므로 새로운 아이디어를 내기가 불가능할 것 같다. 하지만 새로운 작가들의 눈에 의해 늘 새로운 아이디어가 발표된다.

그러니 마음속의 경찰과 과감히 이별하라. 내 안의 경찰관과 헤어지기 위한 방법을 몇 가지 소개한다.

● **사람들의 눈길을 무시하라** : 사람들은 의외로 내 말에 관심이 없다. 자기 발표순서 기다리느라고 마음이 바쁘다.

● **나 자신을 좀더 믿어라** : '나는 잘한다'라고 생각한다. '나는 원래 아

이디어가 풍부하다'라고 믿는다.

● **망설이지 마라** : 내가 나설 타이밍이 아니라는 생각을 버린다. 내가 나설 자리가 아니라는 생각도 잊어라.

● **눈에 띄는 자리에 앉아라** : 회의실에 자리가 특별히 지정되어 있지 않다면 키맨(key man) 가까이 앉는다. 구석자리에 앉으면 약간 편안할 수도 있지만, 아무래도 적극적으로 참여하지 않게 된다. 처음부터 사람들 눈에 띄는 자리에 앉는 것이 유리하다.

● **다른 사람에게 주눅 들지 마라** : 남을 과장하여 평가할 필요 없다. 겁먹지 말자. 나와 똑같다고 생각하면 편해진다. 사실 그렇다. 아이디어 능력에 대한 사람들의 평가는 어차피 주관적이다. 계량할 수 없다. 그러므로 그나 나나 다를 것이 없다, 아이디어 세계에서는.

겁먹지 말고 계속하자. 내 속에 있지도 않은 비밀경찰의 상상에서 벗어나라. 애초부터 비밀경찰은 없다. 검열관도 없다. 모두 내가 만든 걱정이다. 걱정은 떨쳐버리고, 용감하게 발표하라.

지금 '이런 것도 아이디어가 될 수 있을까?'라고 생각되는 아이디어를 갖고 있는가? 무조건 된다고 과감하게 생각하고 발표하라! 깨질 것이라 생각하고 쏟아내라. 다른 사람들은 그렇게 계속 아이디어를 내는 나를 부러워한다.

오하시 에츠오는 『계속 모드』에서 일을 계속할 수 있는 습관을 키우라고 말한다. 다음은 스스로 만든 변명과 핑계에 구애되지 않고, 계획한 일을 계속할 수 있는 습관을 기르는 방법이다.

첫째, 결심한다.

둘째, 시작한다.

셋째, 첫 번째 시련을 극복한다.

넷째, 매너리즘을 타파한다.

다섯째, 계속한다는 의식에서 벗어난다.

자유로운 발상을 막는 8가지 적수

최정우의 『발상의 전환이 세상과 인생을 바꾼다』에는 자유로운 발상을 막는 8가지 적수가 나온다. 이 8가지를 없앤다면 아이디어를 내지 못해 고민하는 일은 없을 것이다.

1 고정관념

상식, 관습, 사고방식, 전문 지식 등은 매우 중요하다. 그러나 그 때문에 시야가 좁아지고 창조성이 결여된 전문가들이 많다. 특히 학벌과 나이에 대한 고정 관념은 고정관념을 확대 재생산한다.

2 선입관

선입관은 직관과는 다르다. 직관에는 다양한 경험이 뒷받침되어 있다. 감각적, 논리적 근거가 있다. 선입관은 단지 주관적으로 느끼는 것이다. 첫 만남에서 상대의 유형을 속단하면 그의 다면성과 변화, 성장해 가는 과정을 제대로 보지 못한다.

3 기계적 반응

상대가 의도한 바에 주목하는 것이 아니라 미리 정해놓은 대로 움직여서는 안 된다.

4 터부(taboo)

터부는 일반적으로 많은 사람들에게 알려진 금기 사항이다. 옳고 그름의 판단이 배제된 생각이다.

5 자기 규제

회의 자리에서 좋은 생각이 떠올라도 '말하지 않는 편이 낫다. 괜히 말했다가 욕먹을지도 모른다' 라고 지레 짐작하여 포기하지 마라.

6 전례

전례가 없었거나 그것과 다르다고 거부해서는 안 된다.

7 관행

원래 그런 것이라고 당연하게 생각하여 새로운 생각을 거부하면 아이디어가 나올 수 없다.

8 습관

문제의식을 갖고 시작한 일도 습관화하면 또 다른 문제의식이 생기지 못하게 방해를 한다. 습관의 타성에 젖어 더욱 습관화되는 것이다.

14 화난 농부의 삽이 더 힘차다,
그러나 부러지기도 쉽다

> 두렵거나 당황하거나 마음에 상처를 입지
> 않는다면 결코 모험을 할 수 없다.
> —줄리어 소렐

장 대리 : 알았어요, 알았다고요. 회사 그만두면 될 거 아녜요!

최 부장 : 아니, 왜 개인적으로 받아들여?

장 대리 : 맨날 "이건 개인적으로 감정이 있어서 그런 건 아닌데"라고
하시잖아요. 그건 감정이 있는 거라고요.

최 부장 : 아니라니까.

장 대리 : 제 카피도 맘대로 다 고치시잖아요.

최 부장 : 내가 언제?

장 대리 : 아무튼 목에 칼이 들어와도 이건 못 고쳐요. 단어 하나라도
고치면 난 바로 회사 그만둡니다!

입만 열면 그만둔다는 장 대리는 여전히 회사를 다닌다. "바빠 죽겠어!"라는 말을 입에 달고 사는 사람이 여태 죽지 않는 이유와도 같다. 그 정도로 자기 아이디어에 대한 주장이 강할 뿐이다. 그래서 리뷰 때마다 한바탕 소동이 벌어진다.

그러다 자기가 지면 쥐도 새도 모르게 사라진다. 이번에도 경포대에 가 있다. 마감시간 때문에 모두 짜증을 내지만 하는 수 없이 그를 기다린다. 그가 꼭 돌아와야 한다. 늘 그가 아이디어의 키를 쥐고 있기 때문이다.

화를 식힌 장 대리가 돌아왔다. 꼬깃꼬깃 네 번 접은 A4용지를 펴면 항상 놀라운 문장이 하나씩 튀어나온다. 아, 살았다! 그래 바로 그런 아이디어가 필요해. 그런데 그는 경포대에서 뭘 하는 걸까? 거기 가면 아이디어 자판기라도 있나? 한 번 다녀오면 재미있는 아이디어가 팍팍 나오니 신기하다.

평소에 그의 욱하는 행동을 좋아하는 사람은 없다. 그러나 그의 기발한 아이디어는 모두가 좋아한다. 그래서 모두들 참지 못할 그의 행동을 참아주는 것이다.

한 번 놓친 퀄리티는 되찾을 수 없다

그런 그가 드디어 회사를 그만두었다. 프리랜서로 일한다. 더 이상 장 대리가 아니다. 장 전문가다. 어떤 회사에서도 그를 꼭 붙들어맬 수는 없었다. 그의 재능은 사랑하되, 아무도 그의 행동은 사랑하지 않기 때문이다.

프리랜서는 무소속 창기병이다. 딱히 적도 없다. 돈만 주면 대신 싸워준다. 다만 한 영주를 위해 싸우지 않을 뿐이다. 싸움이 끝나 다른 영주가 부르면 그리로 간다. 갑옷을 바꿔 입고 창도 새 걸로 가져간다. 그의 승률은 높은 편이다. 특히 경쟁 프레젠테이션에 강하다. 아마 많은 적을 경험해 보아 그들의 특징을 잘 알기 때문에 그럴 것이다.

장 대리에게는 그런 생활방식이 맞는다. 아이디어는 뛰어나지만 성질 관리를 못해 조직에 적응하지 못하는 까닭이다. 그런 그가 아이디어를 잘 내는 비결은 무엇일까? 바로 집중력이다.

그는 다른 사람의 반응 따위는 아랑곳하지 않는다. 모든 에너지를 아이디어의 개발과 옹호, 판매에만 쓴다. 주어진 에너지를 나누어 쓰지 않는다. 남에게 화를 내면 좋지 않다는 단순한 진리를 무시한다. 남을 배려할 시간이 없는 것이다. 욕을 먹더라도 손가락질을 당하더라도 오로지 아이디어에 집중한다. 그래서 좋은 아이디어가 나온다.

어떤 분야의 전문가가 되려면 남보다 깊이 생각해야 한다. 그러려면 에너지를 아껴 그 분야에 집중해야 한다. 그러다 보면 강력한 아이디어가 나올 확률이 높아진다. 또 그 쾌감은 한 번 느끼면 중독된다. 시간이 많아야 좋은 아이디어가 나오는 것은 아니다. 깊이 빠져들어야 한다. 그래서 마감시간 식전에 좋은 아이디어가 나오는 경우가 많다. 그전까지는 일하는지 노는지 모를 정도로 빈둥대다가 '아하!' 하는 순간을 만나는 것이다. 그만큼 문제에 집중한 결과다.

분초를 다투어가며 일하는 요즘에는 좋은 아이디어만으로는 승부를 보기 어렵다. 좋은 아이디어를 빠른 시간 내에 끝내야 평가를 받는다. 물론 그 2가지를 동시에 만족시키기는 쉽지 않다. 그러나 굳이 하나만 골라야 한다면 속도보다는 좋은 아이디어.

아이디어 세계에 내려오는 전설 같은 말이 있다. "한번 놓친 데드라인은 욕먹고 넘어가면 되지만, 한번 놓친 퀄리티는 되찾을 수 없다." 퀄리티 있는 아이디어를 내리려면 장 대리처럼 거기에만 집중해야 하는데, 그러다 보면 대인 관계나 성질 관리까지 동시에 신경 쓸 여력이 없는 것이다.

몰입은 천재성을 일깨워줄 열쇠

만유인력의 법칙을 발견한 뉴턴에 대한 재미있는 일화가 있다. 연구에 몰두한 뉴턴이 시장기를 느껴 물이 끓는 주전자에 달걀을 넣었다. 시간이 어느 정도 지난 뒤 뚜껑을 열어보니 주전자 속에는 달걀 대신 시계가 들어 있었다. 연구에 너무 집중한 나머지 달걀 옆에 있던 시계를 집어넣었던 것이다.

무슨 일이든 성취하려면 문제에 집중해야 한다. 미련할 정도로 빠져들어야 한다. 그래야 원하는 결과를 얻을 수 있다.

서울대학교 재료공학부 황농문 교수는 그런 집중력을 '몰입'이라고 설명한다. 자신의 저서 『몰입』에서 이렇게 말한다.

"자기가 생각하는 문제, 풀려고 하는 문제에만 의식이 쭉 가는 거예요. 다른 생각이 일체 없이. 그 상태를 저는 몰입이라고 정의하고 싶습니다. 문제를 명확히 인식하고 천천히 생각하죠. 사나흘쯤 그 문제만 생각하다 보면 그 문제만 머릿속에 자동으로 유지되지요. 산에 올라가서 능선을 타면 평지를 가는 느낌이 들어요. 그다음부터는 고생은 끝난 거고, 그때부터는 오히려 약간의 쾌감이 생기죠."

그는 몰입이 우리의 천재성을 일깨워줄 열쇠라고 말한다. 뉴턴, 아인슈타인, 에디슨, 빌 게이츠, 워런 버핏 등 비범한 업적을 이룬 천재들에겐 한 가지 공통점이 있다. 고도로 집중된 상태에서 문제를 생각하는, 몰입적 사고를 한다는 점이다. 그들이 천재라서 집중력이 높은 게 아니라, 집중력이 높아서 천재가 됐다는 얘기다. 몰입이야말로 잠재된 우리의 두뇌 능력을 첨예하게 일깨워 능력을 극대화하고 삶의 만족도를 최고로 끌어올리는 훌륭한 방법이다.

직장에서도 몰입하면 능력을 최대로 끌어올릴 수 있다. 1분밖에 생각할 줄 모르는 사람은 1분 걸려서 해결할 수 있는 문제밖에 못 푼다. 60분 생각할 수 있는 사람은 그보다 60배나 난이도가 높은 문제를 해결할 수 있으며, 10시간 생각하는 사람은 600배나 난이도가 높은 문제를 해결할 수 있다.

분노를 다스리지 못하면 소통할 수 없다

그런데 장 대리처럼 주위를 의식하지 않고 지나치게 몰입하다 보면 의도하지 않았던 문제가 슬슬 생기기 시작한다. 당장은 그의 아이디어가 필요해서 산다. 하지만 시간이 흐름에 따라 사람들은 점차 그를 찾지 않게 된다. 안하무인을 좋아하는 사람은 없기 때문이다. 또 그가 영원히 아이디어를 잘 낼 수 있다고 믿는 사람도 없다.

그러나 그는 운이 좋았다. 제어하기 어려운 자신의 분노에도 불구하고 아이디어 전문가로 살아남았다. 뛰어난 재능으로 치명적 단점을 극복했기 때문이다.

하지만 재능은 뛰어난데 분노를 참지 못해 시들어버린 사람들이 너무나 많다. "크게 될 수 있었는데, 그놈의 성질 때문에"라고 중얼거리며 후회해 봤자 아무 소용없다. 특히 팀장 정도 되면 더욱 조심해야 한다. 불필요한 짜증과 분노를 다스리지 못하면 아무와도 소통할 수 없기 때문이다. 부하직원이 겉으로는 웃으며 대답하지만, 몇 초 후 뒤돌아서면 바로 비웃는다는 점을 명심하라. 자신도 모르는 사이에 뒷이야기의 스타로 뜰 수 있다.

어린 안네 프랑크는 일기장에 슬기로운 말을 남겼다. "불평하는 일은 라디오를 켜는 일과 같다. 나는 라디오를 켤 수도 있고, 켜지 않을 수도 있다. 나는 켜지 않는 쪽을 택했다."

너무 몰입하다 보면 주위에 민폐를 끼치는 일이 생긴다. 그렇다고 수양이 잘된 사람이 반드시 비즈니스에서 성공하는 것은 아니다. 덴마크 속담에 "목수가 모든 사람의 말대로 집을 짓는다면, 결국 비뚤어진 집을 지을 것이다"라는 말이 있다. 주변사람들의 말에 귀를 기울이고 조직 내에서 원만한 인간관계를 유지하더라도 능력이 부족한 사람은 결국 퇴출 대상이 되게 마련이다. 유능한 목수가 훌륭한 집을 짓는 법이다.

그 사람의 태도는 다소 마음에 들지 않아도 뛰어난 능력을 지니고 있다면 약간의 마찰은 다들 눈감아준다. 행실은 마음에 들지 않아도 아이디어가 감동적이면 넘어가준다. 화난 농부의 삽이 더 힘찬 법이지만, 늘 화만 내면 삽자루가 부러질 수도 있다는 점을 기억하자.

잠재력을 일깨우는 몰입의 5단계

러시아의 연극배우이자 연출가인 콘스탄틴 스타니슬라프스키는 '집중'이
무대의 창조적 상태를 획득하는 열쇠라고 믿는다. 배우는 무대 밖의 산
만한 요소들을 완전히 잊을 만큼 무대 위의 사물에 주의를 집중해야 한
다는 것이다. 집중해서 극중 인물에 완전히 몰입하면 자연스러운 연기를
할 수 있다는 얘기다.

어디 배우뿐이겠는가. 우리에게도 집중 훈련이 필요하다. 주제 속으로 푹
빠져 들어가는 연습을 하자. 그래야 좋은 아이디어가 나온다. 황농문 교
수가 말하는 잠재력을 일깨우는 몰입의 5단계를 실천하면 도움이 되겠다.

1단계 20분 생각하기

마라톤처럼 몰입도 준비운동이 필요하다. 생각할 문제
를 선정하고 하루에 20분씩 다섯 번, 오직 그 문제에
집중한다. 사고력에 대한 자신감이 생기는 단계이다.

2단계 2시간 생각하기

10킬로미터 마라톤 준비. 좀더 어려운 문제를 선정하여 2시간
동안 생각하되, 의자에 앉아 머리를 뒤로 편히 젖히고 산책을
하듯 천천히 생각한다.

3단계 하루 종일 생각하기

하프 코스 지점이다. 직장인이나 학생은 3단계까지만 체득해도 엄청난 발전을 목격할 수 있다. 2시간 생각하기와 하루 종일 생각하기를 번갈아가며 반복하되, 땀을 낼 수 있는 운동을 하루 1시간씩 규칙적으로 한다. 최상의 컨디션이 유지된다.

4단계 일주일 동안 생각하기

풀코스 도전. 고도의 몰입에 이르기 직전 단계로 두뇌활동이 극대화된다. 난이도가 높은 문제를 일주일 동안 생각한다.

5단계 몰입의 절정

풀코스를 완주한 뒤 달라진 자신의 모습을 확인하는 과정이다. 지극한 행복감과 가치관의 변화를 발견할 수 있다.

14 화난 농부의 삶이 더 힘차다, 그러나 부러지기도 쉽다

15

호떡집에 불이 나도 호떡은 태우지 않는다

> 남을 아는 것을 지(智)라 하고, 자신을 아는 것을 명(明)이라 하며, 남을 이기는 것을 유력(有力)이라 하고, 자신을 이기는 것을 강(剛)이라 한다.
> —노자

아내 : 의사선생님이 나더러 스트레스의 원인을 찾아 거기서 하루 빨리 벗어나라고 하더군요.

남편 : 뭐? 날더러 어딜 가란 말이요?

'평상심시도(平常心是道)'라는 말이 있다. 말 그대로 평상심이 도라는 뜻이다. '평상심'이란 불안에 떨지 않고, 불평하지 않고, 흔들리지 않는 중심을 지니고 나의 길을 가는 마음이다. 소극적으로 세상으로부터 도피하는 것이 아니라 적극적으로 인생을 사는 자세이다.

혼자 가만히 있을 때는 제법 평상심을 유지할 줄 아는 것 같은 생각이 든다. 하지만 두 명 이상 만나면 그것이 여지없이 깨진다. 상대가 아무래도 내 생각과 맞지 않는 의견을 보이거나 내 마음에 들지 않는 행동을 하기 때문이다. "자기 일이나 열심히 하지, 꼭 나만 보면 잔소리야. 함께 일을 할 때에는 꼭 나 때문에 일이 늦어진다고 말한다니까. 누구나 자기가 좋아하는 업무방식이 있는데 왜 꼭 자기 틀에만 맞추려하는 거지"라며 불만들이 쏟아져나온다.

아이디어에 대한 직설적인 피드백이 가차없이 오가고, 개성 강한 직원들이 많이 모이게 되는 비즈니스일수록 서로 부딪치고 대립할 확률이 커진다. 좋은 아이디어를 내는 일만큼, 직장이란 공간에서 나의 감정을 관리하고 다른 이들과의 관계를 제대로 유지하는 일이 중요하다. 아이디어도 비즈니스도 결국 사람이 하는 일이니까.

'쟤는 나랑 달라'라고 생각하자

생각해 보면, 25년 이상 각기 다른 환경에서 자란 사람들끼리 뜻이 맞을 리 없다. 더욱이 부하직원이 매사에 그렇게 답답하게 나올 때는 정말 한 대 쥐어박고 싶은 마음까지 든다.

회사에서 '상명하복'이란 말은 이미 고사성어가 된 지 오래다. 웬 군대용어냐고 물을 수도 있다. 하지만 의식과 행동이 우리보다 자유로운 서양인들도 이것만큼은 확실하게 지킨다.

겉으로는 상사와 농담도 잘하고, 할 말 못할 말 다 하며 스스럼없이 지내는 것처럼 보인다. 하지만 자세히 지켜보면, 상사와 부하직원의 관계가 군대보다 규율이 심하다. 생사여탈권을 상사가 쥐고 있기도 하지만, 공과 사를 구분하는 훈련이 몸에 배어 있는 것이다.

사실 직장에서 생기는 스트레스와 답답함이란 실로 표현하기도 어려울 지경이다. 물리적 시간만 놓고 보면, 직장에서 만난 식구를 집에 있는 진짜 식구들보다 더 오래 만난다. 하루 중 8시간에서 10시간 이상을 그들과 호흡한다. 그래서 부딪힐 일도 더 많아진다.

이럴 때는 2초만 참는 연습을 해보자. 빨리 달구어진 쇠가 빨리 식는 법이다. 화가 치밀어오르고 열이 나는 상황에서는 사실 2초도 길다. 모든 열 받는 상황에 그렇게 할 수 있었다면 이미 득도를 한 사람일 것이다. 근엄한 표정으로 앉아 다른 사람의 결혼운세나 사업운세를 봐주며 돈을 받고 있을 것이다.

우리 모두 득도를 할 수는 없겠지만, 2초간 참는 것은 조금만 노력하면 어느 정도 가능하다. 방법은 간단하다. '쟤는 왜 저러지? 정말 한심하네'라는 답답한 마음이 드는 순간, 재빨리 '쟤는 나랑 달라'라고 생각을 옮기는 훈련을 하는 것이다. 왜냐하면 그도 동시에 나를 보며 속으로 똑같은 대사를 할 것이 틀림없기 때문이다.

길고 짧은 것은 굳이 대보지 않아도 안다. 그 순간에서 조금만 시간이 지나면 저절로 밝혀지게 마련이다.

그런 것과는 상관없다는 자기암시를 하라

경계근무를 서는 초병에게 주는 교훈 중에 '마음대로 상상하지 말 것!'이라는 항목이 있다. 칠흑 같은 밤에 나오지도 않을 적을 지키느라 초병은 밤을 지새운다. 총 하나 들고 졸음과 싸운다. 배고픔과 싸운다. 추위와 싸운다.

그러다 보면 새벽 3시 반쯤 아무 이유 없이 지나가는 한 줄기 바람도 귀신처럼 보일 것이다. 상상력이 뛰어난 병사는 처녀귀신이라 생각할 것이다. 동작까지 민첩한 병사는 총을 겨눌 것이다. 방아쇠를 당길 것이다.

상상력은 그런 데 쓰라고 있는 것이 아니다. 가끔 미련한 게 좋다. 뻔뻔한 게 좋다. 누가 공격하면 나는 그런 것과는 상관없다는 자기암시를 해보라.

직장에서도 마찬가지다. 이유 없이 내게 비난을 퍼붓는 사람의 말을 전해들었다면 빨리 지워버려라. 쓸데없는 소모성 비난을 구체적으로 시각화하지 마라. 보통 때는 상상력이 부족하다고 느꼈던 내가 그런 때는 작가가 된다. 화가가 되고 상상하지 말고 피하라.

이러한 경우 단순한 비난을 작가적 상상력을 동원하여 내 마음대로 각색하고 시각화하지 마라. 내가 문제다. 그러므로 내가 풀어야 한다.

때로는 약간 정치적일 필요가 있다

사실 직장에서 평상심을 유지하기가 쉽지는 않다. 내 일만 잘하고 집에 가면 좋겠는데, 대부분의 일은 혼자 처리하기 어렵다. 더구나 요즘은 팀워크를 요구하는 시대다. 그러므로 여럿이 함께 일하다 보면 공격받거나 공격하는 일이 많아진다.

당연히 나쁜 기운이 사무실에 퍼진다. 그러면 아무도 웃지 않는다.

아무도 먼저 말을 걸지 않는다. 아무도 묻지 않는다.

과연 아무도 원하지 않는 그런 상황이 사무실에 찾아오면 어떻게 풀어야 할까? 그럴 때는 약간 정치적이 되는 것이 방법이다. 평소에는 정치적으로 사는 것이 피곤하다. 하지만 불필요한 마찰을 피하기 위해서는 정치적으로 행동하는 것도 전체에게 도움이 된다. 이상한 게임에 말려들지 않을 수 있기 때문이다.

마음의 평화를 해치는 자극에서 헤어나오기 위해서라도 정치력이 필요하다. 여기서 말하는 정치력이란 내 이익을 위해 남을 이용하거나 내 목적을 위해 남에게 해를 끼치는 능력이 아니다. 사리분별을 잘하고 빨리 해서 실수의 확률을 줄이는 일이다. 아이디어를 파는 능력도 정치력과 관계가 있다.

사우스 캘리포니아 대학의 케서린 리어돈 교수는 『성공한 사람들의 정치력 101』에서 "모든 것은 정치"라고 말한다. "어떤 직업이든 간에 업무 능력이 어느 수준에 오르고 나면 그다음부터는 정치가 성공을 좌우한다.

그 지점에 이르면 실제로 모든 일이 정치로 이루어진다. 실력 있는 똑똑한 사람들이 자신의 아이디어를 지원해 줄 결정적인 힘을 얻지 못하여 정치력이 능수능란한 동료들에게 자리를 내주는 것이 오늘날 직장에서 매일 벌어지는 풍경이다."

그는 다음 5가지 질문 가운데 어느 하나라도 "아니다"라는 대답이 나왔다면 정치력을 연마하기 위해 노력해야 한다고 말한다. 나의 정치력이 어느 수준인가를 살펴보자.

언제 어디서든 道를 닦을 수 있어!

- 나와 내 아이디어에 대한 사람들의 인식을 효과적으로 관리하는가?

- 적을 내 편으로 끌어들일 수 있는가?

- 최종 결과가 눈앞에 보이기 오래전부터 그것을 관리할 수 있는가?

- 내가 아이디어를 제시할 때 사람들이 귀 기울여 듣는가?

- 조직의 의사결정 과정에 참여하고 있는가?

정치력을 키우려면 리어돈 교수는 다음 6가지 단계를 실행하라고 조언한다.

1단계 : 정치적 직관력 키우기

직관력은 눈에 보이지 않는 것을 읽어내는 능력으로, 비즈니스 상황이 돌아가는 형세를 읽고, 상대의 숨겨진 의도를 파악한 다음 자신의 행보를 결정하게 해준다. 조직 속에서 늘 반복되는 패턴을 인식하고, 숨겨진 의도와 행간을 읽으며, 감정 이입을 통해 사람들을 예측하는 훈련을 거듭하면 미래를 예측하는 힘이 생긴다.

2단계 : 정치적 통찰력 키우기

통찰력을 통해 다양한 상황에 대처하는 창의적인 문제 해결책을 찾아야 한다. 조직 속에서 위기를 경험하지 않는 사람은 아무도 없다. 단지 위기 상황에 어떻게 대처하는가가 관건이다. 창의적인 문제 해결법을 터득하기 위해 사고의 폭을 확장하고, 상대의 관점에서 사물을 바라봐야 한다.

3단계 : 사전 포석 두기

아무리 CEO라 하더라도 회사 내 변화를 주도하기 위해서는 실행의 중심인 핵심 간부들의 지지를 받지 않으면 안 된다. 험담하는 사람에게 공 돌리기, 화제 돌리기, 목소리 톤 바꾸기, 사과하기, 쟁점 나누기, 조언 구하기 등의 방법을 통해 상황을 자신에게 유리하게 조성하는 방법을 써야 한다.

4단계 : 설득력 키우기

설득력은 주로 대화의 기술과 연관되어 있다. 설득뿐 아니라 권력도 화법에 따라 크게 좌우된다. 강한 인상을 주는 말과 행동, 대화의 흐름을 장악하는 법, 도미노 효과를 이용하여 의제 설정하기 등 설득력을 키우는 노하우를 배워야 한다.

5단계 : 권력 연구하기

조직 내 권력이 어떻게 형성되고 유지되는지를 이해하라.

6단계 : 정치적 함정 피하기

비즈니스의 성패는 정치적 위기를 어떻게 극복하느냐에 따라 좌우된다. 정치적 위기 상황에서 용기를 내야 할 때는 타이밍이 잘 맞는지, 필요한 지원을 받을 수 있는지, 자신의 실적은 충분한지, 누가 승리하고 패배할 것인지, 손해를 감당할 수 있는지 파악해야 한다.

나만의 스트레스 해소법을 개발하자

직장에서 일하는 동안 평상심을 유지하려면, 기본적 정치력 이외에 자기만의 스트레스 해소법을 개발해 두는 것이 좋다. 다음 5가지 방법을 사용하면 도움이 된다.

산책한다

도무지 열 받아서 자리에 앉아 일하기 어려운가? 밖으로 나가라. 환경을 급격한 속도로 바꾸면 마음의 평화를 얻는 데 도움이 된다. 멈추지 않고 우는 아기도 사탕 하나로 그치게 할 수 있다. 우리 몸과 마음은 생각보다 적응력이 강하다. 장면이 바뀌면 처음에는 잠시 어리둥절하다가 나도 모르는 사이에 그 안으로 빨려 들어간다.

만나기 싫은 장면을 만나면 바로 반응하지 마라. 그리고 회사를 나와 걸어보라. 가끔 화가 복이 된다. 30분 정도 돌아다니다 보면 그 자극이 어떤 것이었든 간에 서서히 감정이 가라앉는다.

음악을 크게 듣는다

사무실에서는 어려우니 MP3를 들고 회사 건물 지하나 옥상으로 간다. 소리를 엄청나게 키운다. 자동차 안에서 해도 좋다. 큰 음악의 효과는 생각보다 뛰어나다. 음악을 크게 들으면 고막이 찢어지거나 귀에 이상이 생긴다고 하지만, 가끔은 상관없다. 몇 곡만 들어도 화를 가라앉힐 수 있다. 누가 보면 신기해 하겠지만, 가까운 노래방에 가서 소리를 지르며 노래를 부르는 것도 좋겠다.

친구를 만난다

친구와 메신저를 하거나, 친구의 사무실 근처로 가서 직접 만난다. 내 이야기는 하지 말고, 주로 그 친구의 사는 이야기를 듣는다. '나보다 더하면 더했지 별로 나을 것도 없군'이라고 자위한다. 절대 내가 화가 난 이유를 친구에게 말하지 마라. 말하면 다시 화가 증폭된다.

종이에 적는다

무엇 때문에 평상심을 잃었는지 번호를 매기면서 적어본다. 그 대상이 사람이라면 복수를 꿈꾼다. 자세한 계획을 세우고 철저하게 준비한다. 그것을 글로 옮기면 무서운 시나리오가 완성된다. 시나리오를 읽으면 유치하다는 생각이 들 것이다. 하지만 그런 과정을 통해 스트레스가 사라진다.

한 가지 일만 한다

한꺼번에 밀려드는 업무 때문에 걷잡을 수 없이 폭발하는 경우가 있다. 그럴 때는 깨끗이 잊어라. 한 번에 하나씩만 하는 것이 효율적이다. 중요한 일을 먼저 하라! 나는 슈퍼맨이 아니다. 멀티태스킹이 능력인 시대는 지났다. 그건 컴퓨터에 맡기고, 하나만 제대로 해내기로 작정한다. 나의 결심을 주위에도 알린다.

나만의 고요한 시간과 공간을 확보하자

미국 텍사스 주 휴스턴의 유폰 3900번지에 로스코 예배당이 있다. 미국의 현대미술가 마크 로스코(Mark Rothko)가 지은 재미있는 콘셉트의 공간이다.

팔각형으로 생긴 이 예배당은 매우 높은 탓에 '큰 나무'라는 별칭이 붙었다. 8면에는 로스코의 그림이 14점 걸려 있다. 그림이라고 하기에는 너무 단순한 작품들이다. 그저 캔버스에 무채색으로 칠한 것이 전부다.

그곳은 누구나 들어갈 수 있으며, 365일 열려 있다. 넓은 공간에 나무로 만든 ㄷ자 모양의 벤치 4개가 놓여 있다.

누구나 자기신이 믿는 신을 위해 기도할 수 있다. 십자가나 부처는 없다. 기독교도건, 천주교도건, 이슬람교도건 각자 자기 마음속에 갖고 들어가면 된다. 저절로 경건한 마음이 든다. 명상 장소로도 제격이다.

우리 주위에는 아직 그런 공간이 없어 아쉽지만, 나만의 장소를 하나 정해놓고 명상을 즐겨보자. 명상은 장소에 구애받지 않고, 아무 데서나 할 수 있다. 하는 방식도 자기가 편한 식으로 하면 된다.

명상은 혼자 있는 시간을 질 높게 활용하는 것이다. 그 시간만큼은 비워둬라. 아무리 정신없는 회사 생활이라도 반드시 나만의 시간을 확보하라. 그래야 마음의 평화를 얻을 수 있다. 또한 평상심을 유지하는 방법도 찾을 수 있다.

다만 평상심을 잃지 않으려고 지나치게 노력하다 보면, '겉늙은이'라는 평가를 받을 수 있으니 조심하자. 그저 달관한 도사처럼 "이것도 별로야. 저것도 별로야"를 외치다 보면 주위 사람들이 말도 시키지 않는다. '노회(老獪)하다'는 평을 들을 수 있다.

직장인을 상대로 한 조사에 의하면 회사를 이직하는 가장 큰 이유는 상사와의 불화 때문이라고 한다. 무려 77퍼센트에 달한다. 반드시 그 이유만이 아니더라도 정년퇴직할 때까지 한 직장에 다니기는 어려운 시대가 됐다.

그러다 보니 환경이 자주 바뀐다. 조직에서 만나는 사람들도 자주 바뀐다. 당연히 이상한 사람들도 많이 만난다. 그러므로 그에 따라 일

희일비하면 평상심을 잃게 된다. 분위기에 휩쓸리지 마라.

'평상심시도'를 기억하라. 도는 먼 곳에 있는 것이 아니다. 평상심을 유지하는 것이 바로 '마음의 평화'를 얻는 지름길이다.

나를 다스리는 지혜

로저 로젠블라트는 『유쾌하게 나이 드는 법 58가지』에서 나를 다스리는 데 도움이 될 지혜를 알려준다. '아니, 내가 몇 살인데 나이 드는 법이라니!'라고 생각할 필요는 없다 한글로 번역된 제목이 그렇지, 원제목(Rules for Aging)은 '성숙하게 되는(aging)'에 더 가깝다. 나이와 상관없이 상당히 유용한 그녀의 도움말을 몇 가지 골라 소개한다. 우리 문화에는 좀 야박하게 여겨지는 조언이 군데군데 있지만 새겨서 들어보자.

1 당신만 생각하고 있는 사람은 아무도 없다.

2 적은 무시하라. 아니면 확실하게 죽여버려라.

3 스물다섯이 넘었으면 자기 인생을 부모 탓으로 돌리지 마라.

4 당신을 지겹게 하는 사람은 바로 당신이다.

5 "대단해!"라는 찬사를 조심하라.

6 "그게 무슨 말이죠?"라는 반응이 올 때 주의하라.

7 함부로 위트를 자랑하지 마라.

8 자신이 못하는 분야를 파고들지 마라.

9 외로움보다는 싸움이 낫다.

10 학연, 지연, 경력부터 따지는 사람을 가까이하지 마라.

11 다른 사람을 고치려 하지 마라.
그에게 도움이 될 거라는 걸 안다 해도.

12 자신을 상징하는 옷차림을 만들라.

13 조금이라도 잘못이 있는 일은 전부를 버릴 줄
알아야 한다.

14 한꺼번에 인생의 8분의 1 이상을 바꾸지 마라.

15 무슨 일이든 돈 때문에 하지 마라.

16 진짜 경기는 공과 멀리 떨어진 곳에서 벌어진다.

17 먼저 사과하라, 화해하라, 도움을 줘라.

거의 모든 이야기가 내게 해당한다면 평상심을 유지하지 못하고 있다는 뜻이다. 특히 마지막의 조언은 머리로는 이해가 되지만, 결코 행동으로 옮기기 어려운 것이다. 결국 나를 괴롭히는 문제는 나에서 시작한다는 것을 알게 된다. 불안감은 나 스스로 만든다. 상상하지 마라. 상상이 불안감을 키운다.

16 멈추지 않고 달리면 주저앉는다

> 어떤 일이건 60분을 계속 생각하면, 결국 혼란과 불행에 도달한다.
>
> —제임스 사버

고 부장은 63빌딩에 있는 광고주다. 회의 때는 자못 심각하지만, 긴 회의가 끝나면 갑자기 소탈한 이웃집 아저씨로 돌변한다. 그는 보통 오후 4시쯤 회의시간을 잡는다. 그래서 6시 반쯤 회의를 마치면 우리를 기다리게 한다. 그리고 남은 일을 정리하고 다시 나타난다.

그 이후 우리는 볼링장에서 저녁시간을 보낸다. 편을 갈라 게임을 즐기다 하루를 마감한다. 보통 회의를 마치고 나면 결과에 따라 다음 일을 준비해야 하는데, 우리는 공을 굴린다. 소리를 지른다. 새벽 2시에 끝나기도 한다. 참 건전한 사람들이다. 일 마치고 운동하고, 운동

마치고 일하고.

그 라이프스타일은 다음 날에도 계속된다. 엄지손가락에는 과격한 운동의 후유증으로 시뻘건 피멍이 든 지 오래다. 재보진 않았지만 아마 한쪽 팔도 길어졌을 것이다. 이렇게 살다가는 어느 날 고릴라처럼 팔이 길어져 성큼성큼 걸을 때 가운데 손가락 끝이 땅에 닿을지도 모른다.

고 부장은 매우 즐거워한다. 경기에 저주면 더 좋아한다. 처음 며칠은 좀 괴로웠다. 그렇지 않아도 잠이 모자라고 아이디어 낼 시간도 모자라는데 새벽까지 공이나 굴리고 있다니.

하지만 좋은 부분도 있다. 우리로서는 이것도 접대니까. 생각해 보면, 술 마시고 악쓰며 탬버린 흔드는 것보다는 여러 모로 이런 접대가 낫다. 건전 접대! 다음 날 아침 한쪽 팔이 좀 뻐근하고 다리가 좀 당기는 것 빼고는 우리도 즐겁다. 비용도 대폭 절감된다.

오래 한다고 잘하는 것은 아니다

오늘도 63빌딩에 회의를 하러 갔다. 그런데 뭔가 이상하다. 사무실이 어수선하다. 이 차장이 나와 오늘 회의는 연기하자고 한다. 갑자기 고 부장이 사라진 것이다. 어? 그저께 밤까지도 운동 잘하고 헤어졌는데…….

어제부터 찾을 수가 없다고 한다. 아무에게, 아무런 이야기도 하지 않고 책상 위에 구두 한 켤레만 벗어놓고 회사에 나오지 않았다고 한다. 생각할 게 있다며 어느 산으로 들어갔다고 한다. 그가 도를 닦는다거나 불심이 깊다는 이야기는 들은 적이 없다. 원래 아파트 옥상에서 떨어질 때 안경과 신발을 벗어놓는 경우가 많은데, 그래도 산으로 갔다니 다행이다. 3개월이 지나서야 돌아왔다. 지금은 높은 사람이 되어 잘 다니고 있다.

고 부장은 일을 너무 많이 했다. 우리나라 사람들이 전후의 기적을 일군 것은 결코 기적이 아니다. 당연한 결과다. 지구상에 이렇게 일을 많이 하는 사람들은 드물다.

《워싱턴포스트》에 의하면 한국인의 주당 업무시간이 가장 길다고 한다. 미국인과 비교하면 1년에 560시간, 하루 8시간 근무를 기준으로 70일을 더 일한다. 많은 한국인들은 스스로가 일중독자인 줄 알면서도 해결책을 찾지 못하고 있다. 그러면서도 일한 만큼 벌지도 못한다. 물론 일을 오래 한다고 잘하는 것은 아니다. 만일 그렇다면 나는 벌써 훌륭한 사람이 되었을 것이다.

내 인생이 이런 것이려니 하며 잊고 지내다가 외국 동료들과 함께 일할 때면 갑자기 엄숙해진다. 나의 행동이 갑자기 그들의 것과 비교되기 때문이다. 그들은 함께 일하다가도 어느 시점이 되면 바로 멈춘다. 나와 나의 팀은 꼬박 밤을 새워도 시간이 모자란다고 생각하고 있는데 그들은 툭툭 털고 가차 없이 일어선다. 내일 더 하자고 한다.

외국에 촬영을 가도 마찬가지다. 오후 6시가 되면 촬영 스태프와 엑스트라들은 촬영하다 말고 갑자기 회사원으로 돌변해 퇴근 준비를 한다. 촬영을 계속하려면 시간외수당을 지불해야 한다. 한국에서 자란 나는 참을 수가 없다. 우리는 이제 막 열기가 오르는 중인데 야속하게 게임오버를 선언하다니.

그러나 우리도 그 여유를 배워야 한다. 농업적 근면성으로 장시간

일하는 것이 더 이상 미덕이 아니다. 효율적으로 하는 방법을 찾아야 한다. 그렇다. 우리도 벗어나자. 해마다 남아돌아가는 휴가도 챙기자.

『연금술사』로 유명한 작가 파울로 코엘료는 날마다 비슷한 것만 보다가는 장님이 될 수 있다고 했다. 학교 다닐 때처럼 일을 하다 1시간에 한 번은 쉬는 것이 중요하다. 일하면서 얻은 정보를 정리할 시간을 뇌에 제공하지 않으면 기억력이나 능력이 오히려 떨어진다.

가만히 앉아서 쉬는 것도 좋지만 밖으로 나가는 것이 더욱 좋다. 걸어 다니면 뇌도 활성화되어 뇌 활동이 여느 때보다 훨씬 활발해진다. 항상 편안함만을 추구하다 보면 자극이 줄어들어 뇌가 활성화되지 않는다. 뇌를 좀더 활성화시키려면 어느 정도의 자극이 필요하다.

▍컴퓨터는 리셋이 필요하고, 나는 리프레시가 필요하다

가끔 도시를 떠나는 사람들이 생긴다. 아마 십중팔구는 양 어깨를 짓누르는 삶의 무게 때문일 터이다. 그 상황까지 가기 전에 나를 조절하는 힘을 키워야 한다.

인간을 달에 보내는 정교한 컴퓨터도 과로하면 어느 지점에서 만세를 부르고 만다. ㄹㄹㄹ.

마치 거짓말처럼, 지금 이 글을 쓰는 순간 노트북이 주인에게 반항을 한다. 키보드의 'ㄹ'자를 치자, 갑자기 그 글자가 A4 다섯 장을 가

173
16 멈추지 않고 달리면 주저앉는다

득 채운다. 기하학적 무늬의 벽지가 자동으로 만들어졌다.

컴퓨터도 열 받으면 백약이 무효라서 '리셋(reset)'을 하지 않으면 안 된다는 이야기를 쓰고 싶었는데, 갑자기 리셋의 첫 'ㄹ'이 폭동을 일으킨 것이다.

쉬었다 가자! 회사 일이 무슨 독립운동도 아닌데, 지나치게 빠져들어 에너지를 소진하면 곤란하다. 회사 일은 오늘 하고 그칠 것이 아니다.

오히려 절대 끝나지 않는 것이 회사 일이다. 잠시 멈추지 않고 달리면 주저앉는다. 엉킨 컴퓨터는 리셋이 필요하고, 나는 '리프레시(refresh)'가 필요하다.

"세상은 책이다. 돌아다니지 않으면 고작 한 페이지만 읽고 만다." 신학자 성 아우구스티누스의 말이다. 일에 지치면, 지금까지 해보지 않은 일을 해보자. 큰 비용과 시간 투자 없이도 바로 시작할 수 있는 리프레시 방법 몇 가지를 소개한다.

이때 NATO(No Action, Talking Only)를 경계하자. "다 아는 거잖아"라고 하지 말고, 하나씩 골라서 시도해보라. 기분이 달라진다.

자전거, 인라인 스케이트 타기

마음만 먹으면 분당에서 여의도까지 달릴 수 있다. 사이클 복장 갖추고 그룹으로 다니는 동호회 팀만 비켜 다니면 된다. 꼭 한강 길이 아니더라도 어느 동네나 자전거 달릴 공간은 있다. 한번 시도해 보라. 웬만한 일은 다 잊어버릴 수 있다.

밤도깨비 여행

금요일 밤에 떠나 월요일 새벽에 돌아오는 가까운 해외여행을 떠나 보자. 동경도 좋고, 상하이도 좋다. 비수기에는 웬만한 국내여행 비용과 별 차이 없다. 인터넷에서 약간의 손가락 품만 팔아도 알찬 자료를 얻을 수 있다. 연태(煙台)라는 중국 항구도시를 추천한다. 비행기로 50분밖에 안 걸리는 인천에서 가장 가까운 중국이다. 왕복 항공요금이 비수기에는 30만 원 정도다. 호텔도, 북경오리도, 해물요리도, 맥주도, 발 마시지도 품질에 비해 참 싸다.

토요일 조조할인 영화 관람

신용카드 제휴혜택도 줄어들거나 없어져서 관람료가 비싸다. 토요일 조조를 이용하면 대개 반값이면 볼 수 있다. 늦잠 물리치고 일찍 일어나 조조할인 영화를 보고 나면 하루가 길어진다.

무료 공연 관람

국립극장 야외무대, 무형문화재전수회관, 예술의전당 예악당 등에서는 무료 상설공연을 많이 한다. 나와 전통과는 아무 상관없다는 생각이 들더라도 한번 가서 꾹 참고 보면 팬이 된다. 어차피 무료공연이니까 중간에 살짝 나와도 미안할 것도 아까울 것도 없다.

무료 미술 관람

삼성동의 포스코 건물은 예술작품으로 둘러싸여 있다. 건물 앞에는 미국 현대미술가 프랑크 스텔라(Frank Stella)의 거대한 조각품 '아마벨'이 있다. 흉물스럽다고 하는 이가 많아 이전도 고려했지만, 가까이 가서 보면 재미있다. 건물 안에도 백남준의 비디오 작품 외에 많은 작품들이 있다. 갤러리에서도 계속 전시가 열린다. 무료다.

주말에는 과천으로 가라. 국립현대미술관에도 무료 전시가 상시적으로 이어진다. 가끔 돈을 받는 전시도 있지만 매우 저렴하다. 평창동, 인사동, 삼청동 일대에도 많은 화랑이 있다.

보다 적극적인 리프레시 방법을 원한다면 다음에 소개하는 활동 중 하나를 골라 이번 달에 시작해 보면 어떨까?

- 꽁트 대본을 써본다.
- 시를 써본다.
- 카피라이터가 되어본다.
- 아이들 교재를 직접 만들어본다.
- 탈춤을 배운다.
- 영어 연극을 해본다.
- 액세서리를 만들어본다.
- 크로키를 배운다.
- 포토샵을 배운다.
- UCC를 만들어본다.
- 재즈댄스를 배운다.
- 액션피겨를 갖고 논다.

리프레시를 위한 또다른 방법은 아무것도 하지 않는 것이다. 내키는 대로 내 마음대로 하는 것이다. 작가 로버트 토머스 앨런(Robert Thomas Allen)은 "내게 소중한 여행의 기억은 대부분 앉아 있을 때 떠오른 생각들이다"라고 했다.

근무 시간의 몇 분의 일을 리프레시하는 시간으로 삼는가? 비율을 정해두는 것이 좋다. 머리를 확실히 비우는 시간을 확보하라. 새 술은 새 부대에! 우리의 머리는 너무도 잘 엉킨다. 무엇이든 너무 많이 생각 하면 꼬이게 마련이다.

잠도 너무 적게 자면 능률이 떨어진다. 자도 자도 졸릴 때는 몸이 잠 을 원한다는 신호를 보내는 것이다. 그때는 허리가 아파서 더 자지 못할 순간까지 푹 자라. 모든 사람이 아침형 인간이 될 필요는 없다.

몇 시간 동안 어떤 일에 몰두하고 있었는가? 갑자기 멈추어 거울을 한 번 보라. 거울에 굳은 얼굴, 꼭 다문 입술, 찡그린 눈 주위, 이마의 주름이 또렷하게 보인다면 리프레시할 순간이다. 괜히 일주일 단위로 주말에 쉬라고 한 게 아니다.

당장 도움이 되는 리프레시 방법 6가지

『일머리를 키워주는 5뇌 혁명』을 쓴 요네야마 기미히로에게 당장 도움이
되는 리프레시 방법을 배워보자.

1 떠들썩한 장소는 집중력을 향상시킨다.

2 단순작업으로 기분을 전환한다.

3 평소에는 어울리지 않는 사람과 얘기를 나눈다.

4 작은 일이라도 성취감을 얻는 것이 필요하다.

5 맛있는 음식은 뇌를 건강하게 한다.

6 '잘될 거야'라며 긍정적으로 생각하는 것만으로도
  뇌세포가 증가하고 활성화된다.

17

와이드 렌즈로 '더 큰 그림'을 보라

> 일을 바르게 처리하는 방법은 한 가지뿐이
> 지만, 일을 바르게 보는 방법도 한 가지뿐
> 이다. 그것은 곧 일의 전체를 보는 것이다.
> ─존 러스킨

제주도 김녕에 있는 미로공원에 가보았는가? 정원수로 만들어진 미로가 있다. 미로에 들어가서 몇 분만 지나면 방향감각을 잃게 마련이다. 사방이 똑같은 녹색 벽이다. 내가 어디에 있는지 도무지 알 수가 없다. 한번 헤매기 시작하면, 나가는 길을 찾기가 더욱 어려워진다.

나가는 길을 도저히 못 찾겠다는 생각을 떠올린 순간, 머릿속이 하얘진다. 당황하면 못 나간다. 그러다가 해가 지고, 날씨는 갑자기 추워진다. 그나마 이런 공원은 단순하다. 아마존 열대우림 속에서 길을 잃은 것과는 비교도 되지 않는다.

흥분하면 길을 잃는다. 당황해도 그렇다. 겁이 나도 그렇다. 생각이 너무 많아도 그렇게 된다. "꼬이면 원점!"을 기억하자. 일단 멈추어 서서 30초 정도 생각하자. 그러면 어느 순간 좋은 생각이 떠오를 것이다.

아이가 엄마 손을 놓쳐 길을 잃었다면 어떻게 해야 할까? 그럴 때는 그 자리에 가만히 있어야 한다. 그래야 엄마가 찾아온다. 당황해서 여기저기 찾으러 다니기 시작하면 안타깝게도 두 사람은 엇갈린다. 만날 듯하면서도 지나친다.

잠시 멈춰 서서 전체 구조를 생각해 보라

스스로 상황을 꼬이게 하지 말고, 잠시 호흡을 고르자. 어차피 내가 서 있는 좌표에서는 전체가 보이지 않게 마련이다. 마치 경주마처럼 두 눈의 양쪽을 가린 채, 앞만 보고 달리고 있기 때문이다. 그것을 '터널 비전(tunnel vision)'이라 한다. 터널 안에서 운전하듯, 일체의 두리번거림 없이 앞으로만 달리는 것이다. 운전하기는 편하지만, 인생이 그렇게 단순하지만은 않다는 게 문제다.

결국 내가 생각하는 대로 풀려나가는 것이 인생이다. 잠시 멈추어 서라. 어차피 늦은 것, 30초 정도 꾸물거린다고 문제될 것도 없다. 그리고 잠시 미로의 전체 구조를 생각해 보라. 고개를 들어 하늘을 보라. 태양광선의 방향을 보라. 골프선수처럼 잔디를 조금 뜯어 허공에 날려 보라.

바람이 어디서 어디로 움직이는가? 이 미로를 설계한 사람의 입장이 되어보라. 나 같으면 어디로 가게 만들었을까? 조금 전에 돌아서 들어온 방향은? 지금까지 무심코 지나온 길을 되돌아보라. 입장권을 샀던 기억은? 들어와서 우회전과 좌회전을 몇 번 정도 했을까?

그래도 안 되면 선조들처럼 할 수밖에. 손바닥에 침을 뱉어 다른 손바닥으로 쳐서 침이 튀는 방향으로 간다. 직관에 맡기는 것이다. 그것이 과히 나쁘지는 않다.

결정적인 순간에 직면했을 때 직관에 의존하면 오히려 승률이 높아진다. 이성과 과학의 힘에는 한계가 있으니, 가끔씩은 순간의 감에 맡겨보자.

통찰의 힘을 길러라

말콤 글래드웰은 『블링크』에서 우리는 사람이나 상황을 처음 만날 때, 2초 안에 생각과 느낌을 갖게 된다고 말한다. 상상했던 것보다 훨씬 짧은 시간 안에 '얇게 조각내기'를 한다는 것이다. 매우 얇은 경험의 조각들을 토대로 상황과 행동 패턴을 찾아내는 무의식의 능력을 갖추고 있다고 이야기한다.

이는 수많은 정보 중에서 일부분만을 파악하여 결론에 이르는 방법이다. 원리는 단순하다. 가지치기와 정수 추출이다. 판단을 흐리는 쓸데없는 가지들은 가차 없이 쳐내 버리고, 핵심이 될 요소들만 뽑아내는 것이다. 그러면 사물과 상황에 대한 통찰이 가능해지고, 신과 같은 혜안도 가질 수 있다.

이 순간적 판단의 힘에 대해 이해하고, 오류를 경계하며 잘 활용한다면 우리의 생활에 커다란 도움이 될 것이다. 이것이 말콤 글래드웰이 이야기하는 순간적 판단, 즉 '통찰'의 힘이다.

회사에서 일어나는 여러 가지 불만스러운 일도 통찰의 힘을 갖고 있다면 다르게 판단할 수 있다. 다음과 같은 경우 당신은 어떻게 반응할 것인가?

- 나보다 능력이 떨어지는 친구가 한 달 동안 남아프리카공화국으로 출장을 간다.
- 구내식당의 메뉴는 날이 갈수록 형편없어진다.
- 다음 달에 차장으로 새로 오는 경력사원의 급여가 부장의 급여보다 더 높다.
- 구 차장과 내가 똑같은 아이디어를 내도 그는 칭찬받고 나는 핀잔을 듣는다.
- '주 5일 근무'는 내게 해당 없다. 4주째 토요일에도 출근해서 저녁 먹고 집에 간다.

과연 이런 문제는 어디서 오는 걸까? 회사는 개인의 안락함을 위해 만들어진 조직이 아니다. 슬프지만, 우리는 회사라는 거대한 기계의 부품이다. 핵심부품도 있고, 작은 볼트와 너트도 있다. 볼트는 그래도 큰 부품이다. 볼트가 망가지지 말라고 볼트에 끼우는 고리 모양의 워셔(washer)도 있다. 기계부품은 눈에 보이기라도 한다. 윤활유는 기능을 다하면, 생색도 못 내고 사라진다.

그 큰 기계에서 나의 역할은? 지금까지는 볼트 역할이었는데, 엔진 역할로 바꾸고 싶은가? 그렇다면 사소한 불만을 접어야 한다. 볼트 하나가 얼마나 중요한데, 일부러 무시할 리는 없다. 핵심부품인 엔진도 볼트 하나 빠지면 그대로 멈춘다.

내가 맡은 역할이 무엇이든 그저 '핵심' 기분으로 일하면 된다. 셰익스피어의 말대로 "시시한 배역이란 없다. 다만 시시한 배우가 있을 뿐이다."

▌블라인드 스팟을 찾아라

더 큰 그림, 즉 기계의 전체 구조도를 보면 내게만 나쁜 일이 찾아오는 것은 아니라는 것을 알게 된다. 데이비드 슈워츠의 『크게 생각할수록 크게 이룬다』에 이런 이야기가 나온다.

세 명의 벽돌공이 부지런히 벽돌을 쌓고 있었다.
어떤 사람이 그 벽돌공에게 물었다.
"무엇을 하고 계십니까?"
첫 번째 벽돌공이 이렇게 대답했다.
"벽돌을 쌓고 있어요."
두 번째 벽돌공이 대답했다.
"시간당 9달러 30센트짜리 일을 하고 있소."
세 번째 벽돌공은 이렇게 대답했다.
"저요? 전 지금 세계 최대의 성당을 짓고 있어요."
이 세 사람의 미래는 과연 어떻게 변해 있을까?

당신이 동료에게 "뭔가 문제가 생긴 것 같아!"라고 말하면, 사람들은 풀기 어려운 난제의 이미지를 떠올린다. 그러나 반대로 "우리에게 도전해 볼 만한 과제가 주어진 것 같아!"라고 말한다면, 사람들은 재미있고 신나는 일거리의 이미지를 떠올릴 것이다.

앞서 살펴본 회사에 대한 불만에 대해 각도를 바꾸어 다시 한 번 생각해 보자.

● **나보다 능력이 떨어지는 친구가 남아프리카공화국으로 출장을 간다** : 직원의 능력에 대한 평가에는 주관적인 판단이 개입된다. 내가 모르는 다른 요인이 작용할 수도 있다. 만일 그가 어릴 때 남아프리카공화국에 살아서 프랑스어를 구사할 줄 안다면? 그곳에서 사업을 하는 그 친구의 삼촌이 우리 회사에 신규 비즈니스를 연결해 주었다면? 그곳으로 여름휴가를 떠나 한 달간 그 집에 머무를 수 있다면?

● **구내식당의 메뉴는 날이 갈수록 형편없어진다** : 한 끼 원가를 알아보고, 내가 식당주인 입장이 되어 적정 이윤 수준을 계산해 보라. 몇 명이 가는지도 알아보라. 음식의 질이 계속 낮아지면 애꿎은 식당 직원 말고, 총무부 직원에게 말하라. 아니면 마음에 드는 식당으로 가라.

● **다음 달에 차장으로 새로 오는 경력사원의 급여가 부장의 급여보다 더 높다** : 그 친구가 꼭 필요한 모양이다. 질투할 것 없다. 그가 그렇게 받고 와서 실력을 입증하지 못하면 없던 일로 된다.

- **구 차장과 내가 똑같은 아이디어를 내도 그는 칭찬받고 나는 핀잔을 듣는다** : 발표방법이나 접근방법을 바꾸어보라. 구 차장을 관찰하라. 아이디어를 평가하는 상사의 반응도 연구하라. 따라 해보라. 똑같다고 시비를 걸면, 내 아이디어가 좋다고 우겨라.

- **'주 5일 근무'는 내게 해당 없다. 4주째 토요일에도 출근해서 저녁 먹고 집에 간다** : 혼자만 일하면 '회사'가 아니다. '회(會)'의 뜻이 무엇인가? 사람들은 내가 계속 그렇게 하니까 그런 줄 아는 것이다. 나도 그 기대에 부응하려고 무리해서라도 마치려고 한다. 이는 악순환이다. 우리의 일은 절대로 끝나지 않는다. 나는 끝나도 일은 영원하다. 과감히 그 고리를 잘라라. 그런다고 절대로 회사가 망하지 않는다. 십중팔구 회사의 업무 분장과 업무 배당에 문제가 있는 것이다. 아니면 회사에서 살아라.

어쩌면 우리의 불만은 우리가 알면서도 보지 못하는 영역 때문에 생길 수도 있다. 임상심리학자인 매들린 반 헤케는 『블라인드 스팟』에서 인간심리의 보이지 않는 사각지대인 '블라인드 스팟'이 인간의 사고방식에 치명적인 오류와 편견을 낳는다고 지적한다.

'블라인드 스팟'은 맹점이다. 자동차 사이드미러에 나타나지 않는 사각지대를 가리킨다. 인간의 심리에도 이런 맹점이 존재한다. 인간은 그런 자기의 모습을 직접 볼 수 없으며, 거울이나 타인의 존재를 통해서만 확인할 뿐이다.

사고의 맹점이라는 감옥에서 풀려나, 새로운 관점에서 사물을 보면 지금까지 발견하지 못했던 것을 발견해 낼 수 있다. 모든 인간은 누구

나 맹점을 지니고 있다. 열심히 달리다가 가끔 멈추어서 전체를 보는
훈련을 하자.

와이드 렌즈로 넓게 보라

　　　　　　영화에서는 드라마의 전체적인 상황을 한눈에
보여주기 위해 '익스트림 롱 샷(Extreme Long Shot)'을 쓴다. 말 그대
로 엄청나게 먼 거리에서 찍은 장면이다. 매우 중요한 역할을 한다. 짧
은 시간 내에 여기가 어딘지, 어떤 시대인지, 누가 나오는지, 허구인지
실화인지 알 수 있게 해주기 때문이다.

그다음에 세부묘사로 들어간다. 상황을 설정하기 위한 장면이라 '설
정 샷(Establishing Shot)이라고도 한다. 만약 한 인물을 이렇게 찍으
면 그는 화면 위에 점 하나로 나타날 것이다.

카메라를 줌 아웃(Zoom Out)하여 내가 어디 있는지, 어디로 가고
있는지 한 번씩 점검해 보자. 와이드 렌즈(Wide Lens)를 써서 좌우도
넓게 봐야 그다음 대책이 생긴다. 그래야 더 넓은 그림이 보인다. 넓게
보기 위해 디지털 카메라에 끼울 와이드 렌즈를 하나 구입해야겠다.

영국 실업가이자 역사가인 조지 그로트(Geore Grote)는 현재 하는
일이 마음에 들지 않거나 자신이 희망하는 것과 다른 길이라고 여기
는 사람들에게 다음과 같은 조언을 들려준다.

자기에게 주어진 일을 열심히 하는 동안에 처음의 희망과는 다른 방
향으로 대성하는 수도 있다. 또 현재의 일이 자기의 희망과는 직접 관계

가 없더라도 먼 장래를 두고 본다면 전혀 허망한 일만은 아닌 것이다. 헨리 포드는 처음부터 자동차 사업에 대성할 포부로 자동차 공장의 직공이 된 사람은 아니었다. 그 일에 흥미를 가지고 맡은 일을 열심히 하는 동안에 한 계단씩 올라가서 세계 제일의 자동차 기업주가 된 것이다. 목표와 방향이 뚜렷하지 못할 때라도, 그날그날 자기 일을 충실히 해나가는 사람에게는 길이 절로 열린다. 오늘 할 수 있는 일, 해야 할 일을 하는 것이 오늘의 과제이다. 그것은 앞날을 기약하는 한 알의 씨앗이다.

나무만 보지 말고 숲을 봐라

평소에 말수가 적은 박 차장이 흥분했다. 드디어 우리가 대행하고 있는 여성용품 브랜드의 시장점유율이 1위가 된 것이다. 그럴 때는 마치 우리가 광고를 잘해서 그렇게 된 것 같은 생각이 들게 마련이다.

그런데 욕심이 생겼다. 10대와 20대 여성시장은 장악했으니 경쟁사가 차지하고 있는 30~40대 여성시장에 진입하자는 새로운 전략을 세웠다.

그래서 준비하던 다음 광고 아이디어를 대폭 수정했다. 30~40대 여성에게 어울리는 카피를 쓰고, 모델도 캐스팅했다. '그래, 이제는 그 시장까지 들어가서 새로운 팬그룹을 만드는 것이다!'

드디어 광고주에게 야심찬 계획을 제시하는 프레젠테이션 날이다. 우리는 새로운 계획이 너무도 자랑스러워 흥분을 감추지 못했다. 나도 약간 고양된 어조로 설명을 시작했다.

그런데 한동안 경청하던 광고주 사장님이 슬그머니 안경을 벗어 탁자에 올려놓았다. '앗, 큰일이다! 좋지 않은 징조다.'

엄청나게 화가 난 사장님은 갑자기 자리에서 일어서더니 슬라이드 한 장을 스크린에 띄웠다. 바로 우리나라 인구 피라미드 표였다. 10대와 20대 여성 인구를 보라고 했다. 35퍼센트가 넘었다. 왜 그렇게 전체를 보지 못하느냐는 지적을 받았다. 작은 성공에 자만하지 말라는 경고와 함께.

그 시장을 점유했다고 욕심 부려 다른 연령대를 공략하다 보면 이미 잡은 10~20대 시장을 경쟁사에 내주는 상황이 생긴다는 것이었다. 어린이들이 성장한다는 사실을 왜 생각하지 않느냐는 지적도 이어졌다.

'아, 그렇군. 나무만 보고 숲을 보지 못한 어리석음이여.' 10년이 지나 다시 돌이켜보니 우리가 그 시장으로 옮겨갔으면 큰일 날 뻔했다. 그때 숲을 볼 수 있어서 지금도 그 여성용품은 10~20대 시장에서 확고한 1위 브랜드 자리를 굳건히 유지하고 있다. 지난 26년간 쓰고 있는 그 회사의 슬로건은 "우리 강산 푸르게 푸르게"다. 숲을 보는 것이 중요한 또 하나의 이유다.

창의성 분야의 전문가인 샘 해리슨은 『아이디어의 발견』에서 우리의 넓은 시야에 대한 우화를 들려준다.

한 노인이 교통사고를 목격했다. 피고 측 변호사가 법정에서 그의 증언이 거짓임을 입증하려고 애쓴다. 변호사가 말한다.

"브리스토 씨, 두꺼운 안경을 쓰고 계시군요."

"예, 그렇습니다만."

17 와이드 렌즈로 '더 큰 그림'을 보라

"그리고 연세가 많이 드셨군요?"

"예, 5월에 여든넷이 됩니다."

"그렇다면 브리스토 씨, 얼마나 멀리까지 볼 수 있으십니까?"

노인은 잠시 생각한다.

"음, 달까지 볼 수 있습니다. 그것이 얼마나 멀지요?"

관찰의 한계는 당신이 생각하는 것보다 훨씬 광범위하다는 사실을
잊지 마라.

생각보다 당신은 더 많이 보고 있다

처음에는 단순했던 문제가 복잡하게 꼬이면 생각이 막힌다. 그럴 때는 컨설턴트들의 지혜를 응용해 보자. 그들은 컨설팅이란 직업상 객관적인 자세를 늘 유지하려고 노력한다.

에단 라지엘은 『맥킨지는 일하는 방식이 다르다』에서 큰 그림을 보기 위해서는 잠시 뒤로 물러나라고 조언한다. 내가 무엇을 얻으려 하고 있는지 검토하고 자문해 보라는 것이다.

다음 3가지 질문에 대답해 보라.

1 이것이 문제 해결에 어떤 도움이 되는가?

2 이것이 내 사고를 어떻게 발전시키는가?

3 이것이 정말로 중요한 일인가?

3장

Creative Communication

백만 불짜리 아이디어도

설득해야 진짜다

18

브레인스토밍은
브레인파이팅이 아니다

CREATIVE POWER

> 현명한 사람은 자기 자신에게 의문을 품
> 고, 어리석은 자는 남들만 의심한다.
> 지혜는 경험에서 우러나온다. 경험은 어리
> 석음 속에서 얻어진다.
>
> —사샤 기트리

이안 스트롱은 각 나라의 오길비앤매더 오피스를 순회
하며 현역 광고인들의 전문교육을 담당하는 광고 선생이다.

그가 이번에 한국을 방문했다. 오늘은 그와 함께하는 브레인스토밍
시간이다. 그런데 광고회사 선수답지 않게 모두들 꿀 먹은 벙어리다.
영어로 하니 갑자기 과묵해진 것이다. 주제는 '한국' 이다. 다들 '한국
인데 어쩌라고?' 하는 표정이다.

잠시 시간이 흐른 뒤, 누군가 침묵을 깨뜨렸다. 역시 수습 카피라이
터가 용감하게 시작한다.

"뭐니 뭐니 해도 한국은 역사가 긴 나라죠. 그게 중요하지 않을까요?"

그러자 바로 반론이 튀어나온다.

"그래서 어떻다는 거야? 오랜 역사가 우리한테나 중요하지 그게 무슨 내세울 점이야?"

다시 침묵. 애써 얘기했는데, 바로 비난하다니. 믿었던 그이가, 오빠 같던 그이가 나를 창피하게 하다니. 이젠 아무도, 어떤 이야기도 하지 않는다.

"영화 같은 나라 대한민국, 어때요?"

적막을 깨고 프로듀서가 한마디 던진다. 낮잠 자던 병아리를 물어가는 솔개처럼 재빠르게 대답이 튀어나온다.

"영화는 너나 좋아하는 거 아냐?"

"꼭 그렇지는 않죠. 그럼 1,000만 관객은 어떻게 모입니까?"

"아니, 내 얘기는, 그런 비유밖에 없냐고? 너무 쉽잖아."

"그럼 부장님이 말씀해 보세요."

"뭐? 이게 건방지게!"

그 순간 이안 선생이 나선다. 잠깐 조용히 해달라고 하더니 화이트보드 앞으로 나가 무언가를 크게 적기 시작한다.

효과적인 브레인스토밍의 가이드라인

● 절대 비난하지 말 것

● 아이디어를 되도록 많이 낼 것

● 아이디어에 번호를 붙일 것

● 다른 사람의 아이디어에 편승할 것

BRAIN STORMING

BRAIN FIGHTING

브레인스토밍은 브레인파이팅이 아니다!

진작 알려주시지. 매일 벌어지는 일이기는 하지만, 오늘도 별것도 아닌 일로 괜히 마음만 상할 뻔했다. 가장 좋은 아이디어를 얻기 위해 '브레인스토밍'을 해야지 자기 의견만 옳다고 핏대를 세우는 '브레인 파이팅'을 해서는 안 된다. 물론 지나친 브레인파이팅은 금물이지만 아이디어로 다투는 것은 정상이다. 다른 의견이 없다면 발전도 없다.

쓸데없는 이야기를
쏟아내더라도 내버려둬라

걸프전으로 유명해진 콜린 파월의 이야기를 담은『콜린 파월 리더십』에 이런 말이 나온다. "부하가 상사의 아이디어에 무조건 따른다면, 두 사람 중 하나는 필요 없는 사람이다."

예전과 많이 분위기가 달라지긴 했지만 아직도 우리나라 회사에는 권위주의가 넘친다. 그래서 윗사람 눈치 보느라 자유롭게 의사를 개진하기가 쉽지 않다. 겉으로는 그러라고 하면서도 정작 아이디어를 제시하면 무시하기 일쑤다. 직급이 낮을수록 더 쉽게 거절된다.

회의실에 모두 모여 브레인스토밍 형식으로 아이디어 회의를 하지만 말뜻과는 다른 식으로 진행된다. 브레인스토밍(brainstorming)을 직역하면 '뇌 속의 폭풍'이다.

원래는 '정신병 환자의 두뇌 착란 상태'라는 뜻으로 쓰였다. 그러므로 말뜻을 살린다면 '무슨 아이디어든 마구 쏟아내게 놔두어야 나중에 수확을 잘할 수 있다'라는 의미다.

그런데 비교적 자유로운 분위기의 광고회사도 어쩔 수 없이 권위적이고 구태의연하게 일하는 것이 사실이다.

우리나라 광고회사의 일하는 방식을 몇 가지 소개한다.

사수와 조수가 함께 일한다

선배가 중요한 일을 하고, 후배는 그 밑에서 눈치껏 배운다. 매뉴얼이나 핸드북 같은 것이 따로 있는 게 아니므로 후배에게는 눈치와 빠른 이해력이 관건이다. 능력이 뛰어난 선배에게 제대로 배울 경우 어디서도 얻을 수 없는 진귀한 필살기를 전수받을 수 있다.

팀장이 여러 팀원을 데리고 혼자 일하듯이 일한다

모든 직능의 스태프가 한 팀에 모여 있지만, 그들의 아이디어는 결코 채택되지 않는다. 오로지 팀장의 아이디어만 아이디어다. 팀원은 팀장을 위해 충실한 조수 역할을 한다. 유능한 인재들을 별 역할도 없는데, 굳이 그룹으로 모아놓을 이유가 없다. 인력의 낭비다. 간혹 자신은 별로 일하지 않고 팀원들의 공을 가로채는 팀장도 있다.

기획팀이 크리에이티브 일을 한다

규모가 작은 광고회사나 우월의식이 강한 기획팀장이 주로 이용하는 방식이다. 크리에이티브팀을 믿지 못해 자신이 직접 크리에이티브 아이디어를 낸다. 콘셉트나 방향을 정하는 일은 위험하므로 되도록 하지 않는다. 대신 카피를 쓰거나, 힘없는 주니어 디자이너를 잡아 자기의 아이디어를 구체화한다. 그러다가 결과가 좋지 않으면 크리에이티브팀에 떠넘긴다.

크리에이티브팀을 풀(pool)제로 운용한다

크리에이티브팀을 자신이 뽑아놓고도, 아무래도 실력이 모자란다는 느낌이 들어 중요한 일을 맡기기를 꺼린다. 옆 팀의 카피라이터나 아트디렉터가 더 잘한다는 생각을 지울 수가 없다. 그래서 모두 한 방에 몰아넣고 프로젝트에 따라 골라서 기용한다. 안전하고 인기 있는 스태프만 찾으므로 바쁜 사람만 계속 바쁘게 되는 구조다.

한 프로젝트를 회사 내의 모든 크리에이티브팀에게 동시에 시켜본다

어디서 좋은 아이디어가 나올지 모르므로 동시에 모든 팀에게 아이디어를 구하는 방법이다. 한 팀에 의존하는 것보다 확률상 안전한 선택이다. 하지만 다들 일에 대한 주인의식이 없어 상부의 기대와는 달리 전력투구하지 않기 때문에 좋은 결과를 얻기 힘들다.

광고주가 크리에이티브 디렉터 역할을 한다

광고주가 전략 방향의 결정이나 커뮤니케이션 콘셉트의 확정보다는 광고 아이디어 내는 것을 즐기는 경우다. 주로 모델 선정이나 촬영 장소 제안 같은 실행 아이디어를 낸다. 촬영장에서도 편집실에서도 맹활약을 한다.

위와 같은 분위기에서는 훌륭한 아이디어가 나오기 어렵다. 훌륭한 아이디어를 얻고 싶은가? 답은 간단하다. 위의 상황과 반대로 실천하라. 브레인스토밍의 기본 조건은 '자유'다. 내버려둬라. 쓸데없는 이야기를 쏟아내도 즉석에서 자르지 말고 서로 참아야 한다. 막 움이 터서 고개를 살포시 들며 땅 위로 올라오는 아이디어의 싹을 처음부터 자르지 마라.

효과적인 브레인스토밍 방법 7가지

브레인스토밍을 할 때 다음과 같은 말들은 아이디어의 씨앗을 죽인다. 이런 말을 하면 잠시 돋보일 수는

18 브레인스토밍은 브레인파이팅이 아니다

있겠지만 결코 좋은 결과를 얻을 수 없다.

- 예산이 너무 많이 들어.
- 이전에도 그렇게 한 적이 있어.
- 생각해 보자(사실은 생각해 볼 의사가 없으면서).
- 훌륭한 생각이긴 한데.
- 전례가 없어.
- 지금은 실행할 때가 아니야.
- 내 말대로 해!
- 신입사원은 잘 모를 거야.
- 시키는 일만 해!
- 장사 어디 한두 번 해봤나?

브레인파이팅이 아니라 바람직한 브레인스토밍 결과를 얻기 위해서는 다음과 같은 방법으로 진행하는 것이 좋다.

- **회의에 리더를 두고, 인원은 10명 내외로 구성한다** : 리더는 훌륭한 조정자(facilitator)의 자질을 갖추어야 한다. 회의를 하다 보면 돌발 상황이 자주 생기므로 한쪽에 치우치지 않고 균형 있고 유연한 자세로 진행해야 한다.
- **무엇이 문제인지 확인한다** : 시작하기 전에 모든 참석자들이 문제를 확실하게 이해하도록 한다.
- **아이디어에 대한 비판과 토론은 마지막으로 미룬다** : 비판과 비평은 다

르다. 남의 아이디어가 이상하다고 생각하여 당장 잘라버리고 싶은 마음을 버려라.

● **작업을 위한 계획을 세운다** : 회의에 참석하기 전에 문제에 대해 숙고할 수 있도록 문서화된 정보를 참석자들에게 미리 제공한다.

● **모든 생각을 기록해 둔다** : 아이디어에 번호를 매겨두면 나중에 분류, 정리하기에 편리하다.

● **아이디어의 소강상태를 넘긴다** : 처음에는 열정적으로 발표하지만 시간이 지나면 조용해진다. 조정자인 리더가 잘 유도해 내야 한다.

● **정리, 분류, 평가한다** : 중복된 아이디어를 제거하고 비슷한 아이디어를 모아 제목을 붙인다.

아이디어 선수들이 만들어내는 두뇌 폭풍

좋은 아이디어를 얻으려면 다른 사람에 대한 답답함을 참는 힘을 길러야 한다. 내가 보기에는 답답해도 바로 비난하지 말고 꾹 참아야 한다. 세상에 나쁜 아이디어는 없다. 목적에 맞지 않는 아이디어가 있을 뿐이다. 멍청해 보였던 아이디어가 어느 순간에 효자 노릇을 할지는 아무도 모른다.

모토로라 휴대전화 아이디어 리뷰 회의를 진행했을 때의 이야기다. 2주째 회의를 진행했지만 눈에 띄는 아이디어가 없어 고민하다가, 잘린 아이디어를 모아놓은 벽에서 하나 건졌다. 경력이 짧은 프로듀서가 냈다가 보기 좋게 잘린 것인데 내 눈에는 재미있어 보였다.

비명횡사했던 그 아이디어가 마지막까지 우리와 아이디어 경합을 벌였던 뉴욕과 베이징, 로스앤젤레스 사무소의 아이디어를 눌렀다. 도시에서 걸어 다니던 젊은 남녀들이 무엇인가를 피해 도망가기 시작한다. 그들을 놀라게 한 것은 강한 빛 한 줄기다. 모두 눈이 부셔서 피한다. 알고 보니 주인공이 들고 있는 휴대전화에 반사된 빛 때문이다. 호주로 날아가 우리가 직접 만들어 우리나라는 물론 미국과 중국 시장에도 방송했다.

그리고 때로는 엉뚱한 사람이 툭 던진 한마디가 훌륭한 아이디어로 발전하는 경우도 있다.

하기스 광고를 만들 때의 일이다. 하기스는 기능이 개선된 신제품이 나올 때마다 광고를 하는데, 광고에서 그 기능을 직접 이야기하는 대신 브랜드의 콘셉트를 표현한다. 하기스 기저귀의 콘셉트는 '행복한 아기'다. 즉 기능이 좋아져서 아기가 행복해 한다는 이야기 구조를 항상 유지한다.

매직벨트 기능을 추가한 신제품의 특징은 아기 허리가 편하다는 것이었다. 아이디어를 내기 시작한 지 3주가 지났다. 브레인스토밍에서 가장 많이 나온 아이디어는 아기가 소파 위로 기어 올라가거나 화장대 위로 올라가는 것이었다. 그러나 광고주는 좀더 새로운 아이디어를 원했다.

매일 빠짐없이 모여 아기 허리가 편하게 움직이는 장면의 아이디어를 1인당 수십 개씩 제안했다. 그러나 허리가 아니라 온몸이 움직이는 아이디어만 나왔다. 그렇게 날마다 떠들어대던 우리가 궁금했던지 지나가던 유 차장이 회의실을 들여다보면서 한마디 툭 던졌다.

"아기가 훌라후프를 하면 안 돼요?"

"훌라후프?"

"허리가 잘 움직여야 한다면서요?"

"그래, 바로 그거야!"

엉덩이를 뒤로 쑥 빼고 훌라후프를 멋지게 돌리는 아기의 스토리보드를 본 광고주는 곧바로 승인을 했다. 실제 촬영 때는 아기가 음악에 맞추어 춤만 추고 훌라후프는 컴퓨터 그래픽으로 정교하게 그려넣었다. 우리나라에서 인기를 끈 것은 물론이고, 홍콩에도 수출했다.

이처럼 좋은 아이디어는 누구의 머리에서 나올지 모른다. 그래서 지금 이 순간에도 지구촌 곳곳에서는 아이디어 선수들이 '두뇌 폭풍' 속에서 아이디어를 발전시키고 있다.

브레인스토밍을 잘하려면
조직 내 커뮤니케이션부터!

효과적인 브레인스토밍을 하려면 우선 조직 내에서 의사소통이 잘되어야 한다. 평소에 제대로 소통하지 않는다면, 회의석상에 앉는다 한들 서로 상생의 에너지를 나누기를 쉽지 않다. 또 몸은 회의실에 앉아 있지만, 마음은 클럽에 가 있다면 전사적인 에너지 낭비다. 탄소를 내뿜는 석탄에너지 사용을 줄이고 녹색성장을 이루는 것이 시대의 과제다. 조직에서도 마찬가지다. 서로 소통하려는 노력이 없으면 쓸데없는 탄소만 배출된다. 마음을 비우고 아이디어를 주고받아야 조직의 녹색성장이 이루어진다. 삼성경제연구소 포럼에서 뽑은 브레인스토밍 할 때의 주의할 점 몇 가지를 소개한다.

1 저도 이야기할 수 있게 해주세요!

자유로운 의사소통을 원한다면 우선 수평적인 조직
구조를 만들어야 한다. 그래야 창의적이고 자발적인
생각이 나온다.

2 제 아이디어를 무조건 자르지 마세요!

윗사람이 마음을 비우고 자신을 낮추기 시작해
야 의사소통이 시작된다. 번번이 아랫사람을
무시하면 모두 돌아앉는다.

3 제발 의사결정을 해주세요!

아이디어는 많이 나오는데, 되는 것도 아니고 안
되는 것도 아닌 상황이 지속되면 팀원들은 지친
다. 소통을 멈춘다.

4 '나' 보다 '우리'라고 해주세요!

'say, tell, speak'라는 표현보다 'talk, communicate, conversation'이라
는 표현이 참여를 유도한다. 특히 브레인스토밍은 '우리'가 하는 것이다.

19

회의실의 '얼음 깨기'는 나의 몫

CREATIVE POWER

> 지옥에서 가장 끔찍한 자리는 인생의 중대한 문제에 중립을 취했던 사람들의 차지다.
>
> ─빌리 그레이엄

도저히 광고주 사장님의 시간을 뺄 수가 없어 오전 7시에 간신히 프레젠테이션 시간을 잡았다. 밤을 꼬박 새워 아이디어를 준비하고 새벽 5시쯤 정리한 뒤 시안을 들고 6시에 회사를 떠나 광고주 사장실 앞에 앉아 45분째 졸며 우리를 불러주기만 기다리고 있었다. 결국 8시가 되어서야 시작이다.

누가 누구를 탓하겠는가? '을' 주제에 감히 어떻게 '갑'에게 뭐라고 할 수 있겠는가? 앞 회의가 늦어진 것뿐인데. 앞 회의를 마친 사람들이 무서운 표정을 지으며 나온다. 아마 회의가 잘 끝나지 않았나 보다. 사람들이 나오자마자 우리는 범인을 잡으러 간 기동타격대처럼 재빠르게 움직인다. 이젤을 펴고 분주히 스토리보드를 올려놓는다. 가져간 노트북을 프로젝터에 연결한 뒤 파워포인트의 첫 화면을 띄운다. 둘러보니 시작도 하기 전에 벌써 지친 표정들이다.

회의실은 완전한 적막. 다시 등장한 광고주 사장님의 표정이 심각하다. 중역들의 표정도 밝지 않다. 모두가 모두의 눈치를 보고 있다.

누군가 아이스 브레이킹을 해야 한다

과감하게 누군가가 나서야 한다. 누군가가 실없는 짓을 해야 한다. 하기 싫어도 회의를 시작하기 전에 분위기를 띄워야 한다. 아니면 애써 준비한 아이디어를 팔지 못한다. 이럴 때 '아이스 브레이킹(ice breaking)'이 필요하다. '아이스 브레이킹'이란 말 그대로 얼음같이 차가운 회의실 분위기를 부드럽게 바꾸는 것이다. 그래야 참가자들의 마음이 조금씩 편안해져서 말이 쉽게 먹혀들어간다.

회의를 좋아하는 사람은 없다. 게다가 감동적인 표정으로 회의에 들어오는 사람은 더더욱 없을 것이다. 회의나 교육은 항상 '얼음'과 함께 온다. 그러므로 누군가 나서서 이 얼음을 깨야 한다. 아니면 좋은 이야기가 나올 수 없다.

얼음 깨기는 다음과 같은 경우에 유용하다.

- 각기 다른 배경과 경력을 가진 사람들이 모였을 때
- 공동 목표를 향해 다 함께 달려갈 수 있도록 분위기를 띄울 때

- 새 팀을 조직했을 때
- 매우 새롭거나 낯선 주제를 갖고 토론할 때
- 참석자들을 빨리 파악하고, 참석자들에게 당신을 빨리 알리고 싶을 때

서툰 유머는 오히려 분위기를 냉각시킨다

그런데 도대체 어떻게 얼음을 깰 것인가? 아까부터 벌써 2시간째 적절한 말을 계속 생각하고 있다. 그러나 좀처럼 떠오르지 않는다. 계속 궁리만 하다 보니 이제는 패배적이 된다. 아무래도 절묘한 시작 말이 떠오르지 않는다.

드디어 할 말이 생각났다. 그래, 재미있는 이야기로 시작하자!

"안녕하셨어요? 어제 조카한테 들었는데, 요즘 10대들은 '그걸 주세요'라는 말을 '그걸 주삼'이라고 한답니다. 재미있지 않나요? 말이 점점 간소화되는 거죠."

그러나 여전히 침묵. 아니 오히려 싸늘해진 것 같다. 아무 반응이 없다. 괜히 했다. 잘못 짚었다. 평소에 광고 카피를 제시하면, 시를 쓸 때처럼 40번 이상 퇴고했느냐고 묻는 사람에게 그런 말을 하다니. 오늘 아이디어 팔기는 다 틀린 것 같다. '사장님, 한 번만 봐주삼.'

서툰 유머를 구사하는 바람에 회의실 분위기를 더욱 급속히 냉각시켜 버렸다. 이래서 조심해야 한다. 얼음을 깨려다가 말을 꺼낸 사람이 오히려 깨진다.

얼음을 깬답시고 그저 그런 농담을 하거나, 시작부터 별로 재미도

없는 말로 억지로 동의를 구하지 마라. 차라리 날씨 같은 소재로 무난히 시작하느니만 못하다.

▌유머는 쉬었다 가자는 시그널이다

얼음 깨기의 첫 번째 방법은 유머다. 유머는 무장해제 수단이고, 얼음을 깨는 막강한 무기다. 하지만 엉성한 유머를 구사해서는 안 된다. 상황과 타이밍에 적절하게 들어맞는 유머를 찾아야 기대하는 반응을 이끌어낼 수 있다.

꼭 기대하는 반응이 나오지 않더라도 실망할 필요는 없다. 밑져야 본전이다. 자기에게 즐거운 이야기를 해주려는 사람에게 적대심이나 반발심을 가지는 사람은 없다.

유머는 회의뿐만 아니라 일상생활에서도 막강한 힘을 발휘한다. 유치하다는 평을 들어도 상관없다. 다들 말은 그렇게 해도 속으로는 즐거워한다. 유머는 긴장만으로 이루어진 우리의 생활 속에서 잠시 쉬었다 가자는 시그널이다.

그래서 한없이 슬프고 무거운 인생을 다루는 셰익스피어의 비극에도 유머가 이따금 설정되어 있다. 이를 '코믹 릴리프(comic relief)'라 한다. 숨죽이는 상황이 이어지는 가운데 잠시 재미있는 상황을 집어넣는 것이다. 관객은 참았던 숨을 쉬고, 기침도 하며, 옆 사람과 작게 대화도 나눌 수 있다.

딱딱한 분위기를 만나면 내가 먼저 나서서 잠시 웃으며 쉬어갈 여유를 제공하라. 무서운 표정을 하고 있던 사람들이 기다렸다는 듯이 나를 따라 올 것이다.

프란시스 베이컨은 "농담은 진실을 전달하는 수단"이라고 했다. 『메이드 인 블루』의 저자 송추향이 말하는 것처럼 "처음 만나는 자리에 어색함을 무마하려 먼저 말을 건네는 사람. 그러다가 곧 썰렁해지지만 또 화제를 만드는 사람. 그래서 좀 실없어 보이지만, 기꺼이 그럴 수 있는 사람"이 되어보면 어떨까?

▌내 아이디어를 들어보고 싶게끔
▌만드는 기술

얼음 깨기의 또 하나의 좋은 무기는 말하는 기술이다. 회의에 참석한 따분한 참석자들이 내 아이디어를 들어보고 싶은 마음을 슬그머니 갖게 만드는 기술이 필요하다. 어떻게 하면 말을 잘할까? 말을 잘하려면 우선 자신의 '말 습관'부터 확인해야 한다. 다음 사항을 점검해 보자.

- 나와 다른 의견을 틀렸다고 여기지 않는가? 내가 틀린 줄 알면서도 자존심 때문에 공격적인 자세를 취하지는 않는가?
- 어려운 말로 목에 힘을 주지는 않는가?
- 경청하고 있다는 티를 내는가? 클린턴 전 미국 대통령은 대화 도중 콜라를 마실 때조차 컵 바닥을 통해 상대를 응시해 자기편으로 만들었다고 한다. 필기구를 준비해 기록하는 태도도 신뢰를 준다.
- 우호적인 제3자를 동원하는가? 몰리면 누군가 도와준다.
- 과장과 오버 액션을 남발하지는 않는가? 혼자 앞서 가지는 않나?

- 이해와 동정을 충분히 얻고 있는가? 진실하게 말하고 있는가?
- 상대의 눈높이에서 말하고 있는가?
- 독설을 입에 달고 살지는 않는가?
- 선택권을 쥐고 있는가? 어떤 결정 과정에서도 자기에게 좋은 두 세 가지를 제시하면 상대는 그중 하나를 고른다.
- 적절한 비난을 하는가? 비난을 받은 사람은 처음에는 변명거리를 찾아내고, 그다음에는 자신을 합리화하며, 통하지 않으면 비난하는 사람에게서 비난거리를 찾아낸다.

대화 전문가들은 '배려'와 '자신감'이 말 잘하기의 가장 큰 덕목이라고 입을 모은다. 말하는 이는 자신의 말에 도취되어 열심히 떠들어대지만, 듣는 이는 금세 재미를 잃게 마련이다.

자신의 말 습관을 알아보는 가장 쉬운 방법은 비디오 촬영이다. 녹화된 테이프를 틀어보면 미처 깨닫지 못했던 말 습관이 확연하게 드러난다. 휴대전화로도 동영상을 담을 수 있으니 짧게라도 한번 촬영해보기를 권한다.

말하는 기술을 어느 정도 터득했다고 생각한 나는 다시 광고주를 찾아갔다. 더욱 강력한 얼음 깨기용 유머와 함께.

"안녕하셨어요? 옆집 여학생에게 들은 건데, 요즘엔 '누구세요?'를 '누궁미?'라고 한다네요. 왜 그러는지는 모르겠지만, 귀엽지 않나요?"

아, 이번에도 얼음은 녹지 않고 오히려 더 단단하게 얼고 말았다. 그래도 듣는 이가 웃을 때까지 나는 계속 연구하겠다. 얼음을 반드시 깨고 말리라. 난 잠시라도 불편한 건 절대 못 참으니까.

19 회의실의 '얼음 깨기'는 나의 몫

회의 잘하는 10가지 비결

말 잘하는 연습을 해서 '얼음 깨는' 방법을 다각도로 연구해야 한다. 하지만 그보다 중요한 것이 있다. 회의 자체를 효율적으로 하는 일이다. 얼음 깨기의 목적은 회의를 잘하기 위함이라는 사실을 잊어서는 안 된다. 김영한과 김영안의 『삼성처럼 회의하라』에는 10가지 회의 비결이 나온다. 이를 응용해 보면 도움이 될 것이다.

1 회의에 대한 고정관념을 깨라

엄숙한 회의 대신 '커피 브레이크' 시간을 갖는다. 사장을 비롯한 임직원들이 매일 오전 10시면 사무 집기가 없는 빈 공간에 모여 커피를 마시면서 자유롭게 대화를 나눈다.

2 집중력을 높일 수 있는 장소와 방식을 고심하라

참석자들이 집중할 수 있도록 통풍, 조명 등 쾌적한 환경을 갖춘다.

3 회의 분위기를 화기애애하게 만들어라

재미없는 회의는 이제 그만. 회의는 80퍼센트의 본론과 20퍼센트의 재미로 채워져야 한다.

4 회의 비용을 명시하라

회의 시간을 돈으로 환산함으로써 직원들은 자신이 참석하는 회의가 얼마나 중요한지 이해할 수 있다. 회의에 참석하는 것도 비용이며, 준비하는 것도 비용이다.

5 회의에서는 계급장을 떼라

크로스미팅(cross meeting)을 도입하여 참석자들은 직급에 관계없이 터놓고 대화를 할 수 있게 됐다. 회의석상에서 모든 참석자들은 무조건 한 마디 이상의 의견을 개진하는 것을 원칙으로 했다.

6 모호한 표현은 금물이다

일본IBM은 회의 때 긴장감을 유지하기 위해 '아마도, 거의, 대개, 생각한다' 등을 불필요한 오해를 불러일으킬 수 있는 피해야 할 단어로 규정했다.

7 골을 원하는 사람만 불러라

회의는 야구 경기보다는 축구 경기에 가깝다. 한 사람의 무력한 선수가 경기를 망친다. 회의에서 한마디도 하지 않는 직원들은 어느 곳에나 있게 마련이지만, 회의는 쌍방향이어야 효율적일 수 있다.

8 회의는 정시에 끝내라

회의는 90분을 넘지 않는 것이 좋다. 정해진 안건을 마칠 때까지 하는 것이 아니라 시간을 정하고 거기에 맞게 결론을 내라.

9 회의 결과를 기록하라

실수의 원인을 분석하고, 기록으로 남겨놓으면 나중에 큰 자산이 된다.

10 회의 결과를 업무에 반영하라

회의 때 제시된 고객 불만사항은 2시간 이내에 각 사업장의 작업자에게 전달한다. 해당 부서는 즉시 문제를 해결하고, 고객에게는 24시간 이내에 그 결과를 통보한다.

20

'그래서(So what)?'라고
물을 때를 대비하라

CREATIVE POWER

마일즈 데이비스의 연주곡 〈So what?〉을 듣는다. 정확히는 보면서 듣는다. 나는 지금 붉은색 초 하나를 켜놓고 그의 공연을 기록한 동영상 필름을 보며 연주를 즐기고 있다. '부우-북, 부우-북' 단조로운 음이 편안하다. 멀리서 증기기관차가 달려오고 있는 느낌이다.

1958년에 있었던 카네기홀에서의 연주실황이다. 힘주어 트럼펫을 부는 순간에는 동그란 그의 두 눈이 빠져나오기라도 할 것 같다. 선율에 빠져 열심히 불고 있는 내내 이마에는 내 천(川)자가 세로로 굵게 새겨진다. 그의 옆에 서며 테너 색소폰을 연주하는 이는 존 콜트레인이다. 피아노는 빌 에반스.

연주 중간에 자기 차례를 기다리는 동안 담배를 피우는 이도 있다. 저렇게 열심히 빠져들어 연주한다면 한꺼번에 담배 한 갑을 다 피워도 좋다. 멜로디는 너무 단조로워 멜로디라 할 것도 없지만, 당시에는 파격이었다.

이제 악기들은 하나둘씩 자기 순서를 마친다. 연주자도 하나둘씩 악기에서 손을 놓고 물러선다. 마지막 마무리는 콘트라베이스가 한다. 한 줄 한 줄 느릿느릿 퉁기다가 서서히 소리를 죽인다. 아주 서서히. 마지막 줄을 손가락으로 눌러 잔향을 잡으면 연주 끝.

연주가 끝나자 기다렸다는 듯이 담배를 꺼내 한 대씩 나누어 불을 붙이는 모습이 무척 자연스럽다. 전쟁 중 휴식을 취하는 병사들의 모습 같다. 아니 무대에서 담배를? 그러면 어때? '그래서(So what)?'

언제 어느 때 'So what?'이라는 비수가 날아올지 모른다

세상에는 하지 말라는 것이 너무도 많다. 그런데 마일즈 데이비스는 '무대에서는 담배 피우지 말 것'이나 '재즈 연주는 이렇게 할 것'이라는 세상의 통념에 도전했다.

사람들은 일을 처음 배울 때 무심코 전임자가 '하던 대로' 한다. 꼭 그러지 않아도 된다. 원리를 익혔다면 그다음부터는 일부러라도 다르게 접근하는 것이 좋다. 그래야 재미있다.

스코틀랜드의 속담처럼 일이 많아서 죽는 사람은 없다. 하지만 재미가 없어서 죽는 사람은 있다.

수입도 좋고 지위도 안정적인 회사를 박차고 나가는 사람들이 있다.

영화처럼 살고 싶어서? 일이 더 이상 재미가 없기 때문이다. 영화 〈버킷 리스트〉에서는 평생을 바쁘게 살아온 두 노인이 죽음을 선고받은 뒤 죽기 전에 꼭 하고 싶은 일들을 한다. 원 없이 살려면 각자 좋아하는 재미를 찾아야 한다. 우리는 아직 그들보다 시간이 많다.

그런데 아이디어 세계에서는 'So what?'의 느낌이 완전히 다르다. 'So what?'처럼 듣는 이의 맥이 빠지게 하는 말도 없다. 특히 프레젠테이션을 할 때는 이 말은 비수가 되어 아이디어를 낸 사람의 심장을 찌른다.

카피라이터 : 이번 제품의 TV광고 스토리보드를 설명해 드리겠습니다. 첫 장면은 뉴욕입니다. 남자 주인공이 뉴욕의 번화가를 한가로이 걷습니다. 지나가는 사람들은 모두 바쁘게 걷지요. 주인공과는 아주 대조적입니다. 배경음악으로는 스팅의 〈잉글리시맨 인 뉴욕〉이 흐릅니다. 장소가 뉴욕이라는 걸 강조하는 거죠. 저작권도 해결했고요(사실 스팅의 노래는 광고에 쓰기 어렵다. 늘 튕긴다). 남자 주인공이 길을 걷다가 횡단보도에 앞에 섭니다. 신호가 바뀌어 건너가다가 맞은편에서 오는 여자 주인공과 서로 의식하지 않는 듯 의식하면서 그 둘은 어깨를 슬쩍 스치며 지나갑니다. 장면이 바뀌면 둘은 다시 만납니다. 여자 주인공은 자동차에 올라타다가 그 남자를 발견합니다. 남자도 그녀를 발견하고 다가가요. 출발하려고 자동차 유리창을 올리는 그녀. 서서히 올라가는 유리창 틈새로

"그래서?"라고 물을 때를 대비하라!

남자는 자기 전화기를 밀어넣어 줍니다. 제품이 클로즈 업됩니다. 화면 위로 마지막 카피가 떠오릅니다. '더 이 상 얇을 수 없다!' 어떻습니까?

광고주 : (5초의 침묵 후에) So what? 그래서?

카피라이터 : 네······?

열심히 프레젠테이션을 하고 있는데 갑자기 'So what?' 이라는 단어 가 등장하면 대개 당혹스러워 뒷일을 수습하지 못한다. 갑자기 머릿속이 하얘지면서 할 말을 잃는다. 왜 이런 상황이 생기는 것일까?

여기에는 두 가지 이유가 있다. 첫 번째로 아이디어를 제시한 팀이 한쪽 방향으로만 준비를 해와서 그렇다. 다른 대안을 준비하지 못했다는 얘기다. 두 번째는 아이디어를 사는 사람이 어떤 식으로 일을 진행하는 게 좋을지 아직 방향을 확실히 정하지 못한 경우다.

참 딱한 노릇이다. 그러나 재미있는 상황이다. 아이디어는 이렇게 발전되는 것이니까. 이렇게 좋아지는 것이니까. 아마 이 장면은 지금 이 순간에도 여기저기서 벌어지고 있을 것이다.

아이디어를 파는 입장이라면 'So what?'이라는 비수에 대비하라. 문제가 잘 풀리지 않을 때 언제든지 나올 수 있는 질문이기 때문이다.

비수를 피하려면 창조적으로 사고하라

특히 아이디어 설명을 마치고 방심할 때 상대가 던지는 날카로운 비수를 경계해야 한다. 대비가 필요하다. 어떤 때는 이 질문이 아이디어의 수준을 높이는 예리한 질문이 되기도 하지만, 어떤 때는 아이디어를 사는 당사자가 결정을 미루기 위해 던지는 칼이 되기도 한다.

비수를 피하려면 어떻게 해야 할까? 어떤 질문을 하더라도 당황하지 않고 대답할 수 있는 여러 개의 대안을 준비하면 된다.

창의력 전문가 로저 본 외흐 박사는 『Creative Thinking : 생각의 혁명』에서 하나의 답만 준비하는 일에 대하여 이렇게 말한다.

"우리의 교육 체제는 하나의 정답을 찾도록 가르쳐왔다. 이런 방식은 어떤 경우에는 적합하지만, 사람들이 일단 하나의 답을 찾고 나면 더 이상 또다른 해답을 찾으려 하지 않는 경향을 갖게 한다. 그러나 바로 두 번째, 세 번째, 혹은 열 번째로 찾은 답이 혁신적인 해결 방법일 수 있기 때문에 이러한 경향은 매우 안타까운 일이다."

세상이 변화하고 새로운 정보가 자꾸 쏟아져나오기 때문에 어제의 해법으로는 오늘의 문제를 해결할 수 없다. 그것이 바로 우리가 창조적인 사고가 필요한 이유다.

창의적 발상을 방해하는 10가지 생각

외흐 박사는 창의적 발상을 방해하며 스스로를 고착화시키는 정신의 감옥에서 벗어나라고 알려준다. 다음에 소개하는 항목을 읽고 그 '반대로' 행동하면 갑자기 날아오는 'So what?'의 비수를 피할 수 있을 것이다.

1 정확한 답 찾기

세상의 모든 문제에는 정답이 하나만 있는 것이 아니다. 또다른 정답을 찾아라.

2 그것은 논리적이지 않다

낯선 것을 익숙하게 만드는 연습을 해보라. 비유를 찾아라. 전혀 관련 없어 보이는 것들 사이의 유사성을 찾아보라.

3 규칙을 준수하라

기존 규칙을 파괴하라. 규칙에 대해 융통성을 가져라.

4 실용적이어야 한다

'만약에'라는 질문을 자주 하라. 거기에 답하라.

5 놀이는 하찮은 것이다

놀이는 발명의 아버지다. 유머는 창조력을 자극한다.

6 그것은 내 분야가 아니다

전례가 없었거나 그것과 다르다고 거부하는 것은 문제가 있다.

7 중의성을 피하라

중의성은 소통에 문제를 야기하지만 상상력을 자극한다.

8 바보 같은 짓은 하지 마라

남들을 따라 하면 상상력이 줄어든다.

9 실수는 나쁜 것이다

실수는 방향 전환의 시기를 알려준다.

10 나는 창조적이지 않다

승자는 이기는 것을, 패자는 지는 것을 상상한다.

20 '그래서(So what)?'라고 물을 때를 대비하라

21

빙글빙글 돌지 말고
답부터 먼저 이야기하라

CREATIVE POWER

> 극적인 그림으로 시작한 광고는 그렇지 않
> 은 광고보다 시청자의 눈길을 훨씬 더 잘
> 끈다. 소화기를 광고할 때는 첫 장면을 타
> 오르는 불로 시작하라.
>
> —데이비드 오길비

새로 부임해 온 버누아 샥 사장은 프랑스인이다. 그러나 국적만 프랑스지 여러 나라의 경험이 많아 세계인이라 할 수 있다. 파리의 광고대행사에서 일을 시작해서 터키를 거쳐 인도네시아에서 일하다가 이번에 서울로 오게 됐다.

본사에서는 동양을 그런대로 잘 아는 사람을 보낸 것이다. 사실 같은 동양이라도 터키나 인도네시아는 우리나라와 많이 다른데 서양인들 관점에서는 대충 비슷하게 보이나 보다. 우리도 무심코 서양인들은 다 비슷하다고 생각하니 그런 관점이 무리는 아니다.

새로 오는 사장이 어떤 사람인지 모두 궁금해 했는데, 얼굴도 잘생긴 데다 성격도 그럭저럭 원만한 편이다. 서울의 음식이 입에 맞을 리 없지만, 곧잘 자장면도 함께 먹으러 다녔다.

완곡한 표현이
오해를 불러온다

그런데 얼마 후 그와 작은 충돌이 생겼다. 회사 소개 브로슈어를 새롭게 만들고 있었는데, 그가 제작비 견적이 너무 높다는 지적을 한 것이다. 그럴 경우를 예상하여 이미 여러 군데의 견적을 받아놓았으므로 별문제 없으리라 생각했다.

그러나 거기서 끝나지 않았다. 그가 계속 문제를 제기하는 것이었다. 마치 가격을 비싸게 책정하여 자기를 속인다고 생각하는 듯했다. 내가 제작을 몇 년간 했는데 적정 제작비도 모르겠느냐고 따지고 싶었지만 일단 참았다.

그저 문화의 차이나 국가 간 물가의 차이려니 생각하고 되도록 부드럽게 설명했다. 예의를 지키기 위해 머릿속으로 가장 완곡한 영어 표현을 생각해 가며 설명에 설명을 거듭했다. 그럼에도 둘 다 한 치의 양보도 하지 않았다. 서로 자기 주장만 하니 정말 답답한 노릇이었다. 더 이상 화를 참을 수 없는 상태가 됐다.

갑자기 샥 사장이 얼굴이 벌개져 내게 소리쳤다.

"Don't beat around the bush!"

순간 무슨 뜻인지 생각하느라고 잠시 말을 멈추었다. '뭐라고? 숲을 때리지 말라고?' 말 그대로 사냥감 몰아내려고 숲 언저리를 두들기며 돌아다니지 말라는 뜻이다. '돌려서 말하지 말고 바로 말하라'고 한 것

이다. '아니, 누가 돌려서 말해?'

결국 나도 큰 소리로 응수하고 말았다.

"그럼 지금 당장 충무로 업체로 같이 가봅시다! 내가 속인다고 생각하는 거요?"

계속 조용히 말하다가 참지 못하고 소리를 지르니, 이번에는 그가 놀랐다. 정적. 잠시 후 그가 멋쩍어하며 사과했다. 이전에 근무하던 인도네시아에서는 비용을 속이는 일이 너무 많아서 한국도 그런 줄 알았다는 것이다.

그가 얻은 교훈 : 한국은 회사에서 돈 문제를 속이는 후진국이 아니다.
내가 얻은 교훈 : 겸손한 척하느라 할 말을 나중에 하면 오해받는다.

경우에 따라선 직격탄이 필요하다

그날 이후로 논쟁을 할 때는 결론을 빨리 말하는 버릇이 생겼다. "한국말은 끝까지 들어봐야 알아"라는 우스갯소리가 현실로 다가왔던 것이다. 처음부터 답을 불쑥 이야기하면 놀랄 수 있으니까 상대의 마음을 헤아리며 차근차근 이해시키려는 의도인데 그것을 참지 못하는 사람이 많다.

또 어떤 외국인들은 우리가 대답할 때 머뭇거리거나 말을 천천히 하면 의심한다. 성능이 딸리는 컴퓨터처럼 '드르럭드르럭' 소리 내며 머리를 돌리다 보면 아무래도 시간이 걸리게 마련이다. 영어로 대답을 해야 하니까 조금이라도 잘하기 위해 머뭇거리는 것인데 그 사이를 참지 못한다. 마치 자기를 속이기 위해 머리를 쓰는 것으로 착각한다.

지금까지 만난 서양인들 중 십중팔구는 그런 모습을 보였다. 몇 가지 이유가 있다. 동양인과 서양인의 구분과는 상관없이 원래 성격이 급한 사람들은 그럴 수 있다. 아울러 많은 서양인들이 자기들보다 동양인들이 열등하다는 잠재의식을 갖고 있어서 그렇다. 게다가 우리는 아무래도 영어 구사력이 떨어져 천천히 말하므로 듣기에 답답해서 그럴 수도 있다.

그리고 어순의 차이도 오해를 부른다. 우리말의 어순은 원인, 과정, 결과 순으로 구성된다. 우리말은 처음부터 논리를 심각하게 따지지 않는 직관적인 사고이며 원인을 적용하는 과정이므로 물 흐르듯이 저절로 논리가 흐른다. 즉 주어, 목적어, 서술어 순으로 진행된다. 그러므로 우리말의 답을 알려면 좀 기다려야 한다. 한글은 미괄식 문장이므로 그 문장을 끝까지 들어보아야 중요한 내용을 확실하게 알 수 있다.

물론 미괄식 문장의 장점도 많다. 우선 순리적인 사고유형을 낳는다. 작은 것에서 큰 것으로, 덜 중요한 것에서 더 중요한 것으로 자연스럽게 발전해 간다. 또 점층법을 사용해 절정을 만들 수 있다. 핵심 내용이 맨 뒤에 나오기 때문에 끝까지 듣게 하는 장점도 있다.

특히 TV광고에서는 직격탄을 날리기보다는 미괄식 구성을 선호한다. 광고라는 것을 알면 보지 않으려 하니까 시작부터 궁금하고 재미있게 만들어야 관심을 끌 수 있다. 30초 광고에서 거의 28초 동안 왜 저런 상황이 벌어지는지 안 알려주다가 마지막에 답을 알려준다. 그 답이 브랜드가 전하는 메시지일 수도 있고, 그냥 브랜드네임일 수도 있다.

요즘은 좀처럼 보기 어렵지만, 거리의 약장수도 같은 방법을 쓴다. 약 이야기는 절대 하지 않고 마술이나 재미있는 공연만 한다. 그러다가 사람들의 관심이 최고조에 오른 순간 "애들은 가라. 애들은 가라"를 주문처럼 외치며 과장된 본론으로 들어간다.

빙빙 돌다가 논점을 잃는다

세상은 점점 빠른 속도로 돌고 있다. 사람들도 따라서 달리고 있다. 비즈니스 환경 역시 좀처럼 여유를 찾기 어렵다. 낮 시간에 잠시 짬을 내어 사우나에 다녀오거나, 점심 먹고 당구장에서 시간을 좀 보내다 여유 부리며 사무실로 들어가는 일은 이제 전설이다. 그러다 보니 기다리는 걸 못 참는 사람들이 늘고 있다. 내 말을 끝까지 들으려 하는 사람들이 사라지고 있다.

프레젠테이션을 할 때는 보통 전략을 먼저 설명하고 아이디어를 나중에 설명하는 것이 일반적인 순서다. 그런데 시작한 지 채 5분도 안 되어 "그래서 어떻게 하자는 거요? 다 아는 얘기 하지 말고, 빨리 아이디어나 봅시다"라며 보채는 사람들이 의외로 많다.

화끈해서 좋기는 하다. 그래서 크리에이티브 아이디어를 먼저 보여주고, 나중에 전략을 설명하는 방법을 쓰기도 한다.

신문기사도 마찬가지다. 두괄식 문장이 많다. 특히 보도기사는 역피라미드 구성을 사용한다. 글의 핵심이 되는 내용을 먼저 요약해서 제시하고 차츰 그 이유를 대면서 왜 그런지를 알게 한다. 빙빙 돌다가 논점을 잃고 딴 데로 흐르는 일을 막기 위함이다.

빙글빙글 돌지말고 답부터 먼저!

나중에 실감나게 말하겠다고 처음에 너무 빙빙 돌려 말하다가는 본론을 제대로 말하지도 못한 채 끝나버리기 십상이다. 수식이 길어지면 본류를 놓친다.

다리는 악어에게 필요하지 뱀에게는 필요 없다. 키워드만 두고 거두절미하라. 때로는 그런 방법이 설득에 큰 도움이 되기도 한다.

특히 서양인과 말할 때는 더욱더 그렇다. 순간적으로 문장이 생각나지 않아 한 단어로 대답하더라도 자신 있게 답부터 말하라. 그래야 상대가 무시하지 못한다. 내가 자신이 넘치면 그 기운이 그대로 전달되기 때문이다. 우습게보고 넌지시 밟으려 했다가 그 기에 눌려 멈칫하고 만다.

나보다 약해보이면 밟고 싶고, 강해 보이면 슬그머니 꼬리를 내리는 것은 어쩔 수 없는 속물의 행동양식이다. 상대가 나를 무시할 틈을 주지 말고 먼저 치고 들어가라. 직격탄을 날려라. 에두를 것 없이 바로 말하라.

비판 모드에서
설득 모드로

광고주와의 회의를 마치고 회사로 돌아오는 택시 안에서는 진풍경이 벌어진다. 운전기사 아저씨 빼고는 택시 안에 앉은 네 사람이 모두 일제히 같은 동작으로 휴대전화를 꺼내 어디론가 전화를 건다. 회의 결과에 따라 다음 업무 지시를 하는 것이다. 그러는 동안에도 또다른 상대에게서 전화가 온다. 전화를 끊고 나면 이번에는 손가락이 보이지 않을 속도로 여기저기에 문자를 보낸다. 사무실로 가는 동안 택시 안에서 후속회의는 다 끝난다.

심지어는 사무실로 돌아가기 전에 빨리 자기 앞에서 전화로 아이디어 수정을 지시하라고 독촉하는 광고주도 있다.

모두가 급하다. 가끔은 왜 달리는지, 어디로 달리는지, 누구랑 달리는지 잊은 채로 무작정 달려간다. 정말 그러고 싶지 않지만, 달리는 그들에게 말이라도 건네려면 나도 같이 급해질 수밖에 없다.

운전하고 가다가 읽은 전광판 카피가 기억난다.

그렇게 빨리 달려 어디로 가시렵니까? - 수원 지방 경찰청

사정이 이러하니 아이디어 설명하겠다고 천천히 이 이야기 저 이야기 해가며 한담을 늘어놓으면 듣는 이의 혈압이 자동으로 올라간다. 그러니 옛날 공중전화 표어처럼 '용건만 간단히!' 그것도 시작할 때 미리 말하라. 그리고 상대가 궁금해 하면 하나씩 이야기를 풀어놓아라.

그러나 주의할 점이 있다. 상대가 아무리 급하게 행동해도 나까지 말려들면 곤란하다. 꼭 전달할 메시지가 있기 때문이다. 커뮤니케이션은 '소통'이다. 주고받는 '대화'다. 일방적인 직격탄은 먹히지 않는다. 마치 운동회의 줄다리기처럼 줄을 잡아당겼다가 슬쩍 놔주었다가 다시 당길 줄 알아야 한다. 그것이 대화다.

대화가 잘 진행되어야 상대의 긍정적인 반응을 이끌어낼 수 있다. 그래야 이유 없는 '비판 모드'에서 '설득 모드'로 상대를 자연스럽게 이끌 수 있다.

효과적인 대화의 기술

커뮤니케이션 전문가인 이경숙은 『돌아서서 후회하지 않는 유쾌한 대화법 78』에서 효과적인 대화의 기술을 알려준다. 지혜가 살아 숨 쉬는 주옥같은 조언이다. 대화의 기술인 동시에 살아가는 기술이기도 하다. 몇 가지라도 가슴속에 새겨두면 설득의 길로 성큼 다가갈 수 있을 것이다. 그중 몇 가지를 소개한다.

1 따져서 이길 수는 없다.

2 좋은 말만 한다고 해서 좋은 사람이라고 평가받는 것은 아니다.

3 유머에 목숨을 걸지 마라.

4 반드시 답변을 들어야 한다고 생각하면 화를 자초한다.

5 상대편은 내가 아니므로 나처럼 되라고 말하지 마라.

6 설명이 부족한 것 같을 때쯤 말을 멈춰라.

7 앞에서 할 수 없는 말은 뒤에서도 하지 마라.

8 농담이라고 해서 다 용서되는 것은 아니다.

9 표정의 파워를 놓치지 마라.

10 적당할 때 말을 끊으면 다 잃지는 않는다.

11 말은 하기 쉽게 하지 말고 알아듣기 쉽게 하라.

12 당당하게 말해야 믿는다.

13 흥분한 목소리보다 낮은 목소리가 위력 있다.

14 자존심을 내세워 말하면 자존심이 상한다.

15 모르는 것은 모른다고 말해야 인정받는다.

16 두고두고 꽤씸한 느낌이 드는 말은 위험하다.

17 쓴소리는 단맛으로 포장하라.

18 지적은 간단하게 칭찬은 길게 하라.

19 가르치려고 하면 피하려고 한다.

20 그런 시시한 것조차 모르는 사람은 모른다.

21 빙글빙글 돌지 말고 답부터 먼저 이야기하라

22

먹히는 말로
내부부터 설득하라

CREATIVE POWER

알고 있을 때는 똑똑하게 알고 있다고 말
하고, 잘 모르고 있을 때는 솔직하게 모른
다고 시인하는 것이 바로 참된 지식이다.

—공자

세상에는 자극이 참 많다. TV 뉴스에서는 각종 사고 소
식을 들려주고, 지하철역 입구에서는 각종 무가지가 자기를 데려가 달
라고 한다. 옆 사람이 듣는 힙합음악도 허락 없이 내 귀로 스며들어온
다. 영어학원은 등록만 하면 영어를 유창하게 말할 수 있다고 광고를
해댄다. 잠이 덜 깬 눈동자를 밝게 만드는 광고지도 있다. 자기네에게
전화만 하면 별로 하는 일 없이 월 400만 원을 보장해 준다고 한다. 그
럴 리가?

컴퓨터에는 더 많은 자극이 넘쳐난다. 지금 뜨는 핸드백 스타일을 놓
치지 말라는 메일, 수영복을 입고 나와 시도 때도 없이 한가하다고 주

장하는 여동생들의 메일, 진품이므로 한 알만 먹으면 환상의 세계로 간다는 메일 등등. 무심코 인터넷에 들어갔다가는 좀처럼 빠져나오기가 어렵다. 검지는 꼬리에 꼬리를 물고 세상의 모든 이야기를 찾아간다.

그래서 웬만해서는 내 이야기를 주의 깊게 들으려는 사람이 없다. 고개만 돌리면 더 재미있는 것이 널려 있는데 군이 내 이야기에 귀를 기울일 이유가 없는 것이다. 이렇게 되면 세상의 모든 재미있는 이야기는 나의 적이다. 사람들은 내 이야기가 그 모든 이야기보다 확실히 재미있어야 마지못해 들어주는 척한다.

개그맨들은 주말 개그 프로그램에 출연할 기회를 얻기 위해 매주 오디션을 한다. 혼신의 힘을 다해 열연하지만, 담당 작가와 연출자가 웃지 않으면 두 말 없이 퇴장이다. 운 좋게 출연 기회를 얻어 무대에 올라가도 시청자들의 반응이 없으면 다음 주부터는 바로 퇴출이다. 어느 개그맨은 자기 인생은 '하루살이'가 아니라 '한 주 살이'라고 말한다. 약 1,000개의 아이디어를 제시하면 3개 정도가 채택된다고 한다. 그런 과정을 거쳐 방송에 나가는데도 보는 사람들은 시시하다고 한다. 재미없다고 한다. 집어치우라고 한다.

먹혀드는 말을 하려면

도대체 어떻게 해야 내 이야기가 먹혀들어갈까? 왜 나의 상사나 동료들은 내 아이디어를 잘 듣지 않으려 하는 걸까? 방법은 의외로 간단하다. 아이디어를 이야기할 때마다 듣는 사람과 입장을 바꾸어 생각하면 된다. 매 순간 상대가 과연 내 말을 어떻게 들고 있을지를 생각하면서 말하면 된다.

미국의 언어 코치인 프랭크 런츠 박사는 『먹히는 말』에서 "당신이 무엇을 말하느냐?"보다 "사람들이 무엇을 듣느냐?"가 더 중요하다고 강조한다. 듣는 사람의 눈으로 세상을 보고, 그들이 마음속 가장 깊은 곳에서 무엇을 생각하고 느끼는지 알아내라는 것이다.

그들이 진실로 원하는 것에 대해 그들의 언어로 말하면 사람들에게 먹혀들어간다.

'먹히는 말'이란 쉽고 간결하고 진실이 담겨 있어 상대를 움직일 수 있는 말이다. 상대의 마음을 파고들어 그를 독려하고, 결국엔 말하는 사람이 원하는 행동을 이끌어내는 말이다. 듣자마자 단숨에 꽂히는 말, 이것이 바로 '먹히는 말'이다.

런츠 박사가 알려주는 '효과적인 언어의 규칙 10가지'를 알아보자.

- 쉬워야 먹혀든다. 삼척동자도 알아먹을 수 있도록 쉽게 말하라.
- 한마디로 제압하라. 커뮤니케이션에서는 짧은 것이 긴 것을, 단순한 것이 복잡한 것을 이긴다.
- 당신의 말이 곧 당신임을 입증하는 순간, 대중의 신뢰는 견고해진다.
- 반복, 반복, 또 반복하라. 일관된 메시지는 듣는 이의 머릿속에 깊이 뿌리 내린다.
- 말도 싱싱해야 팔린다. 진정 새롭고 색다른 기회만이 사람들의 관심, 참여를 이끌어낼 수 있다.
- 소리로 각인시켜라. 운율 있는 말은 우리의 감각까지 휘어잡는다.

- 독려하고, 치켜세우고, 촉구하라. 먹히는 말 한마디는 꿈을 꾸게 하고, 때로는 최고의 성취를 만들어낸다.
- 눈에 보이게 말하라. 말에도 색깔이 있어야 하고, 향기가 있어야 한다.
- 말도 부메랑처럼 던져라. 로널드 레이건 전 미국 대통령은 "4년 전에 비해 형편이 나아졌습니까?"라는 질문 하나로 상대 후보를 압도했다.
- 듣는 이가 그 메시지를 받아들여야만 하는 이유를 제시하라.

말 한마디에 신뢰가 묻어나오게 하라

런츠 박사의 조언이 여러 가지 말하는 기술에 관한 것이라면, 그 모든 것에 우선하는 것이 있다. 바로 신뢰감이다. 사람들은 말하는 사람과 그가 전하는 메시지가 믿을 만하다고 여길 때 비로소 마음을 연다. 그런 심리를 잘 활용하라.

상대에 대한 호감은 그의 헤어스타일과 옷, 시계, 구두 등 외모로만 만들어지는 것은 아니다. 평소에 별말 없어도 왠지 믿음이 가는 인물이 되는 방법을 연구하라. 가끔 던지는 한마디에 신뢰가 묻어나오게 할 묘책을 찾아라.

매력은 그렇게 만들어지는 것이다. 상대가 무슨 생각을 하며 내 이야기를 듣고 있는지 연구하라. 나를 쳐다보기는 하지만 눈만 껌벅거릴 뿐 왜 내 말을 제대로 안 듣는지 그 이유를 연구하라.

듣는 이의 반응을 면밀하게 살피며 페이스를 자주 바꾸어가며 말하라. 안 그러면 다른 생각에 빠진다. 한번 놓친 주의를 다시 끌기는 정말 어렵다. 갑자기 책상이라도 두드리며 비명이라도 지르기 전에는 좀처럼 다시 집중하지 않는다.

지루함을 경계하라

듣는 이를 사로잡을 화술을 연구하라. 연기를 위한 '화술'에서 몇 가지 원리를 배워두면 평상시에도 매우 유용하게 쓸 수 있다. 연극에서 대사 발상의 원활도를 가리켜 '엘러큐션(elocution)'이라 하는데, 대사가 겉돌아 맥없이 흐르는 것이 아니라 말의 어조가 정확하며 듣는 사람의 기분을 좋게 하고, 내용을 이해하는 데 저항을 느끼지 않게 하는 것을 "엘러큐션이 좋다"라고 한다.

다음 4가지는 화술의 기초이다. 참조하면 지루하지 않게 얘기하는데 도움이 될 것이다.

말의 리듬과 템포를 계산하라

말은 음악이다. 그 안에 리듬이 있고, 템포가 있다. 이를 무시하면 듣는 이가 당신을 무시한다. 학창 시절, 음악시간에 두 손으로 무릎을 치며 '강-약-중강약'을 배운 기억이 있지 않은가? 말도 그렇게 하라. 말하면서 그 리듬을 생각하라. 표현이 다채로워진다. 별 내용이 없어도 빠져들게 마련이다. 단조로운 말은 수면제다. 설득은커녕, 아무것도 말하지 않는 것만 못하다.

아울러 말하면서 템포를 의식하라. 안단테와 라르고를 나의 말에 적용해 보라. 폭풍처럼 몰아치다가 갑자기 꿈결처럼 느릿느릿 말해 보

라. 어느새 사람들이 따라 온다.

말의 높낮이에 신경 써라

영화 〈대부〉의 말론 브란도처럼 하나의 톤으로 단조롭게 말해서는 안 된다. 그는 일부러 그런 것이다. 중국어나 영국식 영어를 잘 들어보라. 마치 노래처럼 멜로디가 살아 있어 뮤지컬 대사처럼 들린다. 15세 기경에는 우리말에도 중국어처럼 '성조'가 살아 있었다고 한다. 듣는 이의 주의를 집중시키려면 다양한 멜로디를 기억했다가 자유자재로 활용하라.

잠시 쉬었다 말하라

말은 말소리와 침묵으로 이루어진다. 그런데 마음이 급한 사람들은 마치 영화 〈포레스트 검프〉의 주인공처럼 쉬지 않고 앞만 보며 달린다. 말을 오랫동안 계속하면 사람들은 잘 듣지 않는다. 가끔씩 쉬어야 한다. 이것을 '포즈(pause)'라고 한다.

러시아의 연출가 스타니슬라프스키는 포즈를 2가지로 설명했다. 의미 전달의 오류를 막기 위한 '문법적 의미의 포즈'와 '심리적 의미의 포즈'가 그것이다.

심리적 포즈를 잘 활용하라. 잠시 말을 멈추면 주의를 환기시킬 수 있다. 그리고 강조하고 싶은 단어 바로 앞에서 잠깐 쉬면 그 단어를 강조할 수 있다. 호흡은 들숨과 날숨으로 이루어지는데, 잠깐 쉬는 동안 호흡이 바뀌어 새로운 날숨으로 소리를 낼 수 있기 때문이다.

사람들이 듣기 싫어할 말버릇을 없애라

사람들은 누구나 독특한 말버릇을 가지고 있다. 그러나 매너리즘에 빠진 듯한 말투는 바꾸는 것이 좋다. 마치 뉴스를 전하는 아나운서처럼 고정된 말투도 사용하지 마라. 특히 말끝을 조심해야 한다.

불필요하게 길게 늘이는 버릇을 가진 사람들이 많다. "아이디어가 어떻습니까? 조오치 않습니까아?" 하는 식으로 늘이면 피곤하게 들린다. 또 조급한 마음에 빨리 말하려다 보면 의미를 생각하지 않고, 자기의 호흡 단위로 끊어 말하는 경우도 있다. 자신의 말버릇이 어떤지 확인해 보려면 녹음을 해봐라. 금세 고칠 수 있을 것이다.

3분이 넘는
독백은 고문이다

혹시 내 이야기가 지루하지는 않은가? 어떤 이유로든 청중을 졸게 하는 것은 죄악이라고 했다. 지루하지 않게 말하라. 3분이 넘는 독백을 똑같은 템포와 어조로 말한다면, 그것은 말이 아니라 일종의 전자음이다. 마치 '뚜우우우우우' 하고 한 음으로만 길게 울리는 사이렌 소리처럼 들릴 것이다.

그것은 고문이다. 실제로 단조로운 기계음을 오랫동안 강제로 듣게 하는 고문이 있다고 한다. 아마 잠을 재우지 않는 것보다 훨씬 괴로울 듯하다.

듣는 이를 고문하지 마라. 왜 초등학교 조회시간의 '교장 선생님 말씀'은 지루함의 대명사가 되었을까? 그래서 연극배우들은 긴 대사를 연습할 때 '페이스(pace) 바꾸기'를 자주 한다. 그래야 관객들의 주의를 놓치지 않는다는 것을 잘 알고 있기 때문이다.

자신 있게 말하는
연습을 하라

발표 자료를 갖고 회의실로 들어가 큰 소리로 읽어보라. 그런 것이 창피한 일이 아니다. 베테랑 선배들도 배우들도 그렇게 한다. 설득에 왕도가 있을 턱이 없다. 말하는 연습을 하라. 이왕이면 큰 소리로. 그래야 자신감이 생기고, 그 기를 모아 내부의 동료들을 설득할 수 있다. 사람들은 자신 있게 말하는 사람 앞에서는 거부감을 드러내지 않는다. 속으로는 그러고 싶지만, 그 기에 눌려 짐짓 아무렇지도 않은 척하며 슬그머니 뒤로 물러선다. 팔고 싶으면 배짱을 키워라. 내부 고객에게 팔 수 있어야 외부 고객에게도 팔 수 있다.

잠시 짬을 내어 연극배우가 되어보는 것도 나쁘지 않다. 유명한 햄릿의 독백을 제대로 소리 내어 읽어보라. 아니, 말해 보라. 지루함을 막으려면 어디에서 쉬었다 말해야 하는지 알 수 있을 것이다. 연습을 위해 띄어쓰기를 무시하고 붙여 써놓았다.

사느냐죽느냐이것이문제다.잔인한운명의돌팔매와화살을마음속으로참는것이더고상한가,아니면고난의물결에맞서무기를들고싸워이를물리쳐야하는가?죽는것은잠자는것.오직그뿐.만일잠자는것으로육체가상속받은마음의고통과육체의피치못할괴로움을끝낼수만있다면그것이야말로진심으로바라는바극치로다.죽음은잠드는것!잠들면꿈을꾸겠지?아그게곤란해.죽음이란잠으로해서육체의굴레를벗어난다면어떤꿈들이찾아올것인지그게문제지.

한번 소리 내어 읊어보았는가? 페이스를 바꾸어 말해 보았는가? 몇 번 바뀌는가? 감정 변화가 표현되는가? 용기가 있다면 주위 사람에게 들려줘보라. 배우가 될 것도 아니고, 그렇게까지 할 필요가 없다는 생각이 들면 녹음을 해서 혼자 들어보라. 좋은 연습이 될 것이다.

위에서 사례로 든 문장을 적당히 페이스를 바꾸면 좋을 부분을 표시해두었다. 다음에서 표시한 것처럼 호흡을 5번 정도 바꾸어 말하면 훨씬 감정이 살아난다. 이전에 녹음한 것과 비교해 보라.

사느냐 죽느냐 이것이 문제다. 잔인한 운명의 돌팔매와 화살을 마음 속으로 참는 것이 더 고상한가, 아니면 고난의 물결에 맞서 무기를 들고 싸워 이를 물리쳐야 하는가? // 죽는 것은 잠자는 것. 오직 그뿐. // 만일 잠자는 것으로 육체가 상속받은 마음의 고통과 육체의 피치 못할 괴로움을 끝낼 수만 있다면 그것이야말로 진심으로 바라는 바 극치로다. // 죽음은 잠드는 것! 잠들면 꿈을 꾸겠지? // 아, 그게 곤란해. // 죽음이란 잠으로 해서 육체의 굴레를 벗어난다면 어떤 꿈들이 찾아올 것인지 그게 문제지.

때론 침묵이 필요할 때가 있다. 아무리 말을 잘한다 해도, 침묵을 지키는 것이 더 좋은 순간들이 있게 마련이다. 특히 논쟁이 길어지거나 일방적으로 내 아이디어를 무시하려 들 때는 일단 말을 멈춰라. 그랬다가 다시 기회를 노려 제시하라.

말 잘하는 이들에게 배우는
대화의 법칙 8가지

미국의 토크쇼 진행자 래리 킹은 『대화의 법칙』에서 말을 잘하는 사람들에게는 8가지 공통점이 있다고 말한다. 이 8가지를 늘 마음에 담아두고 말한다면 어느덧 상대는 내 말에 귀를 기울이고 있을 것이다. 다시 한 번 강조하지만 설득력 있게 말하고 싶다면, 그리고 무심코 듣는 내 아이디어에 상대가 마음을 열게 하려면 그의 입장이 되어 말하라.

1 익숙한 주제라도 사물을 다른 관점에서 바라본다.

2 폭넓은 시야로 다양한 논점과 경험에 대해 생각하고 말한다.

3 열정적으로 자신의 일을 설명한다.

4 자기 자신에 대해서만 말하려 하지 않는다.

5 알고 싶은 일에 대해서는 '왜?'라는 질문을 던진다.

6 상대에게 공감을 나타내고, 상대의 입장이 되어 말할 줄 안다.

7 유머감각이 있어 자신에 대한 농담도 꺼려 하지 않는다.

8 말하는 데 자기만의 스타일이 있다.

23 약하면 밟힌다, 밀어붙여라

CREATIVE POWER

나 　　: 한마디로 투우와 자동차가 좇고 좇기는 한판 대결을 벌이다가 투우가 지쳐 쓰러진다는 스토리죠. 재미있지 않습니까?

광고주 : 재미있군요. 그런데 자동차 광고에 웬 소만 이렇게 오래 나옵니까? 새로 나온 찬데, 차를 오래 보여줘야죠. 시간이 아깝잖아요.

나 　　: 자동차 광고에 자동차가 나오는 건 누구나 압니다. 그러니까 짧게 나와야 더 효과적이죠. 감출수록 더 보고 싶어 하니까요.

광고주 : 그런데 왜 이렇게 꾸물거립니까? 벌써 언제부터 준비했는데 아직 안 찍고 있습니까?

나　　: 스페인 쪽과 아직 협의 중이라…….

광고주 : 내일 당장 스페인으로 가세요.

나　　: 예?

광고주 : 그러게 처음부터 지키지 못할 약속은 왜 합니까? 신차 출시
　　　　된 다음에 광고할 겁니까?

나　　: 아니, 뭔가 오해가……. 그래도 준비를 철저히 해야…….

광고주 : 내일 못 떠나죠? 준비가 안 됐죠? 이렇게 늦어서야, 원. 이
　　　　번에 성공 못하면 저 옷 벗습니다. 책임지실 겁니까?

나　　: (여기서 밀리면 안 된다) 아, 가면 될 거 아닙니까? 당장 가서
　　　　찍어 오지요! (내가 미쳤군. 스페인이 얼마나 넓은 나란데.)

마드리드의 한 호텔 방에 혼자 우두커니 앉아 있다. 스페인의 도시
중 아는 도시가 마드리드와 바르셀로나밖에 없어 망설이다가 수도로
온 것이다. 이제 어떻게 하지? 궁리 끝에 각 나라별 광고 제작 스태프
들의 연락처가 담긴 『파워 북(Power Book)』이 떠올랐다. 한 권 사서
열 군데의 광고제작사를 골라 전화를 걸었다. 프로듀서가 영어를 못하
면 일단 탈락. 내가 스페인어를 못하니까.

자동차와 투우 장면을 찍어본 경험이 있는 세 군데로 좁혀 시간차를
두고 데모 테이프를 갖고 호텔로 오게 요청했다. '테사우로'라는 회사로
낙점. 자동차도 많이 찍어봤고, 투우도 많이 찍어본 팀이다. 3일에 걸친
팽팽한 줄다리기 끝에 제시한 금액의 3분의 2로 제작비를 합의했다.

이번에는 캐스팅이 문제다. 내 눈에는 다 똑같아 보이는 투우가 자
세히 보면 다 다르게 생겼으니 직접 골라야 한다고 해서 목장에 가서

반나절 동안 관찰했다. 얼굴 시커먼 투우의 오디션을 보기는 처음이다. 얼굴이 가장 비슷하고 성질이 고약한 두 마리로 캐스팅 완료.

그런 다음 촬영장소를 물색했다. 마드리드 투우장은 크지만 분위기가 나지 않는다. 임대도 어렵다. 남부의 톨레도로 가보기로 한다. 정말 오래된 성들이 가득한 동네다. 달력의 그림 속으로 들어와 있는 느낌이다. 나무로 된 낡은 관중석과 흙먼지가 가득한 황토색 투우장도 마음에 든다. 낙점.

새로 나온 자동차가 투우사 역할이다. 긴급 공수한 자동차 두 대는 촬영 중 투우의 뿔에 찍혀 상처투성이다. 투우 몸무게가 800킬로그램 정도 나가니 그럴 수밖에. 결국 약속 시간 내에 제작을 마쳤다. 광고주와의 대결에서 내가 이겼다! 화를 냈던 광고주가 놀란다. 고맙다고 한다. 방송된 광고의 반응은 괜찮다. 차도 잘 팔린다. 휴우!

▍밀어붙이지 않으면
▍내가 밀린다

돌파하기 어려운 상황을 만났는가? 생각할 시간이 몇 초밖에 없다면? 그렇다면 별수 없다. 밀어붙이는 수밖에. 일을 하다 보면, 충분히 생각할 여유가 없이 즉각적으로 결정해야 하는 상황이 자주 생긴다.

그런 상황에서는 어차피 나나 상대나 모두 답이 없기는 마찬가지다. 그렇다면 망설일 필요 없다. 투우처럼 먼저 밀어붙이자. 내가 먼저 밀어붙이지 않으면 잠시 망설이는 사이에 상대가 밀고 들어온다. 물론 모든 일에 승부를 걸 이유는 없다. 피곤하니까. 하지만 '이거야! 이건 내가 꼭 해야지' 하는 일에는 과감히 도전하자.

큰일을 맡으면 괜히 소심해지기 십상이다. 내가 잘해 낼 수 있을지, 혹시 잘못하면 어떻게 될지, 이번 일을 피할 수 있는 방법은 없는지 생각하게 된다. 특히 협상을 할 때는 압박감 때문에 마음이 급해지고 불안해지기 시작한다. 그럴 필요 없다. 알 수 없는 결과를 불안해 하기는 상대도 마찬가지니까.

기선을 제압하는 방법은 의외로 쉽다. 먼저 주장하는 것이다. 아니면 밟는다. 우리 주위에는 속물근성을 갖고 있는 사람들이 많다. 자기보다 약해 보이면 일단 밟고 본다.

반대로 뭔가 있어 보여 강한 인상을 주면 슬그머니 얌전해진다. 밟히는 역할을 하고 싶은가? 공격이 최선의 방어다. 여세를 몰아 한 번 더 몰아붙이면 상대는 대개 꼬리를 내린다. 몇 번 그 과정이 반복되면 결국 내 아이디어를 사게 된다. 자꾸 항변하기가 귀찮기 때문이다. 그냥 그렇게 하자고 한다.

그러나 가끔씩 강적을 만나게 된다. 그런 사람은 마치 이기기 위해 이 세상에 태어난 것처럼 행동한다. 누가 무슨 이야기를 해도 우선 반대하고 본다. 그러면서 자기 고집만 내세운다. 일에서든 운동에서든 게임에서건 자기가 꼭 이겨야 직성이 풀리는 사람이다.

그런 사람을 만나면 일단 피하라. 그리고 잠시 물러섰다가 다시 기회를 보라. 누구에게나 아킬레스건은 있는 법. 시간을 두고 그런 상대의 깨지기 쉬운 점을 포착하라. 그 지점에서 접근하라.

최대한 인간적으로 다가가라. 그렇게 고집이 센 사람이 의외로 쉽게 무너진다. 마음속으로만 생각하지 말고, 진심으로 그 사람의 입장을

약하면 밟힌다!

잘 이해한다는 표현을 하라. 눈을 보며 말하라. 마음을 해치지 않는 것이 중요하다. 그 사람이 정말로 나쁜 사람이 아니라면 마음을 열 것이다. 따지고 보면, 그렇게 독불장군 식으로 행동하는 사람은 그를 둘러싼 주위 사람이 만든 것이다. 하지만 그런 사람도 좋은 방식으로 톡 쳐주면 고마워한다. 그래서 한번 마음이 통하면 관계가 오래간다. 다음부터는 그는 내 아이디어의 지지자가 된다.

주인공이 될 것인가
관객이 될 것인가

내 아이디어는 내가 가장 잘 안다. 별생각 없이 던지는 상사나 동료의 비평은 가볍게 무시하라. 회의에 참석한 이상 뭔가 기여해야 한다는 의무감 때문에 비평을 하는 경우가 많다. 개인의 인상 비평에 지나치게 민감하게 반응하지 마라. 작은 비평에 둔감해져라. 방향을 바꾸어야 하거나 문제를 보는 각도를 완전히 바꾸어야 하는 경우가 아니라면, 과감히 밀고 나가라.

그들은 당신을 두려워한다. 아이디어를 잘 내기 때문이다. 거부해봤자 당신이 계속 아이디어를 내리라는 것을 알기 때문에 두려워한다. 머뭇거리지 마라. 한 번 기회를 놓치면 나의 의지와는 상관없이 중대한 결정이 이루어진다.

선수 대기석에 앉아 투수의 자세나 비평하는 일은 아무 소용없다. 그것은 해설자의 몫이다. 선수는 뛰어야 한다. 게임에 들어가야 선수다. 링에 올라간 권투선수는 경기가 시작되기 전에 이미 눈빛으로 상대를 제압한다고 한다. 어떤 역할을 맡고 싶은가? 주인공? 관객?

막힐 때 돌파하는
통쾌한 대화법 18가지

아이디어를 팔다 보면, 원하지 않아도 논쟁이 벌어진다. 그럴 때를 대비하
여 몇 가지 기술을 익혀두자. 꼭 남을 이기려는 목적이 아니다. 공격 의사
가 없는 나를 불필요하게 괴롭히는 사람들을 만나게 되므로 그럴 때 슬기
롭게 물리치는 방법을 배워두자는 뜻이다. 커뮤니케이션 컨설턴트 공문선
의『통쾌한 대화법』에 나오는 토론과 협상에 도움이 되는 조언을 간추려보
았다. 대화를 나누다 막혔을 때 참고하면 도움이 될 것이다.

1 '네가 틀렸어!'가 아니라 '우린 서로 달라!'라고
  생각하라.

2 먼저 인정하면 인정받게 마련이다.

3 처음부터 제대로 설명하라.

4 상대가 듣고 싶어 하는 것에 집중하라.

5 자신의 생각을 분명히 말한 다음, 결정은 상대의
  판단에 맡겨라.

6 자신의 말이 어떤 영향을 미칠지 생각을 정리한
  다음에 말하라.

7 감정적인 말실수를 줄이려면 상대의 입장에서 말하라.

8 상대의 이야기를 경청하라.

9 말실수를 줄이는 최고의 방법은 침묵하는 것이다.

10 '고마워요' '가르쳐주시겠습니까?'와 같은 상대의 마음을 녹이는 마법의 말을 사용하라.

11 먼저 관심을 보여 대화의 주도권을 잡아라.

12 상상하게 만드는 말을 사용하라.

13 되로 주고 말로 받는 칭찬의 법칙을 이용하라.

14 비유나 은유가 설득력이 높다.

15 협상이 최고의 설득이다.

16 솔직하게 대응하라.

17 딱 부러지게 거절하라.

18 너무 쉽게 '예스'라고 하지 마라.

24 알아야 면장을 하지

> 우리 대부분은 초라한 옷차림과 엉터리 가
> 구들을 부끄럽게 여기지만, 그보다는 초라
> 한 생각과 엉터리 철학을 부끄럽게 여길
> 줄 알아야 한다.
> ― 알베르트 아인슈타인

국 사장은 어디로 튈지 모른다. 그래서 그에게 프레젠테이션을 하려면 엄청나게 많은 준비를 해야 한다. 예상 질문을 아무리 철저히 준비해도, 전혀 생각지도 않은 질문을 던져 우리를 곤경에 빠뜨린다. 우리는 세상에 있지도 않았던 여성용품 브랜드를 만들어 출시한 이후, 벌써 10년 넘게 광고 캠페인을 성공적으로 진행해 왔다. 브랜드 가치는 귀가 쫑긋해질 정도로 높아졌다.

그러나 그는 결코 만족하지 않는다. "참 잘했어요. 하지만 조금만 더 잘해볼까요?"라며 우리의 등을 슬그머니 떠민다. 속으로 '그 누구도 우리보다 더 잘할 수 없다' '인구통계학적으로 볼 때 더 이상 우리 브랜드를 쓰지 않는 소비자는 없다'라고 항변한다. 물론 경쟁사 브랜드를 쓰는 소비자를 더 끌어와야 하지만, 경쟁사가 있으니 내가 있는 법이다.

오늘은 국 사장에게 새로운 아이디어를 제시하는 날이다. 경쟁사는 가격을 대폭 할인하는 전략을 쓰고 있다. 그러면 단기적으로 매출이 오르기 때문에 상대적으로 우리는 불안하다. 하지만 국 사장의 회사는 매출이 좀 떨어져도 브랜드 이미지 관리를 위해 그러지 않는다. 광고 캠페인이 아무리 뛰어나도 매출이 떨어지면 문책을 받는다. 우리도 빨리 가격을 인하하여 매출을 바짝 올리고 싶다. 그러나 참아야 한다. 브랜드 이미지는 절대 그런 식으로 구축되지 않는 법이니까.

오늘은 아마 장기적인 브랜드 구축에 관한 날카로운 질문이 나올 것이다. 그래서 어젯밤부터 아침까지, 밀려드는 졸음을 물리치며 데이비드 아커와 에릭 요컴스탈러의 『브랜드 리더십』을 읽었다. 아이디어의 제시만으로는 부족하다. 어디서 날아들지 모르는 질문의 화살을 막아야 한다.

▌준비는 아무리 해도 모자란다

1분이 지났다. 드디어 국 사장의 등장. 모든 참가자와 일일이 악수를 나눈다. 프레젠테이션 시작! 슬라이드도 물 흐르듯 잘 넘어가고, 준비는 완벽했다.

"잠깐만요!"

오늘은 전략 방향이 걸렸다. 왜 시장을 그렇게 좁게 보느냐는 지적이다. 너무 단기적인 제안이라고도 했다. 단순히 제품만 많이 파는 전략으로는 부족하다는 지적이다. 오랜 세월 동안 우리 브랜드를 사용해 주는 소비자와 사회를 위해 무언가 공헌을 해야 할 때라는 것이다.

진작 말해 주었으면 좋았을 것을……. 브랜드 캠페인에만 머리가 갇혀 있었으니 우리는 전혀 다른 산속을 헤매고 있었던 셈이다. 오늘도 우리는 보기 좋게 넉 다운. 이어지는 국 사장의 질문.

"피터 드러커의 『21세기 지식경영』을 읽어보셨나요?"

"아, 예."

사실은 너무 두꺼워서 책방에서 군데군데 훑어본 것이 전부인데, 순간적으로 그렇다고 대답해 버렸다. 그날 밤 집에 돌아가 졸린 눈을 부릅뜨고 밤새 읽느라 혼났다. 내일 또 물을 수 있으니까. 그런데 다음 회의에서 그는 또다른 질문을 던졌다.

"짐 콜린스의 『좋은 기업을 넘어 위대한 기업으로』는 읽어보셨죠?"

'앗, 오늘 밤도 새워야 한다.'

준비는 아무리 해도 모자란다. 알아야 한다. 모르는 게 약이 될 리 없다. 아는 것이 힘이다. 알아야 면장을 한다. 더 알아야 군수를 한다. 좀더 알면 도지사를 할 수 있을지도 모른다.

고객의 마음을 훔쳐라

데이비드 아커와 에릭 요컴스탈러는 "브랜드를 제대로 관리하기 위해서는 단기적 가격 경쟁을 하지 말고, 고객의 마음을 훔쳐야 한다"라고 말했다. 그리고 경영학의 대가 톰 피터스는 "점점 더 복잡해져 가는 시장에서 바보들이나 가격으로 경쟁하려 든다. 승리자는 고객의 마음속에 브랜드의 가치를 지속적으로 인식시킬 방법을 찾는다"라고 말했다.

갈수록 복잡하고 치열해지는 시장 환경에서 경쟁 우위를 확보하기 위해서는 어떻게 해야 하는가? 높은 브랜드 인지도, 높은 품질, 높은 고객 충성도, 강한 브랜드 연상 이미지, 그 브랜드만의 개성, 차별화된 마케팅 활동 같은 요소들이 잘 조화된 강력한 브랜드를 개발해야 한다.

세계적인 브랜드들은 100년도 더 넘게 동일한 브랜드 이미지를 유지하며 관리한다. 담당자가 바뀌어도, 사장이 바뀌어도 브랜드는 동일하게 관리해야 한다. 동일한 느낌의 브랜드 이미지를 유지하면서 어떻게 매번 새로운 아이디어를 낼 수 있는지가 항상 문제다.

그래서 한 브랜드를 위한 설득적인 아이디어를 내기 위해서는 실로 엄청난 규모의 사전 준비가 필요하다. 아이디어를 팔기 위해 어떤 준비를 하는가?

- 소비자의 인사이트를 찾기 위해 스파이 작전을 실시한다. 책상만 지키고 앉아 있는 데스크 자키(desk jockey)는 절대로 소비자의 진짜 마음을 알 수 없다. 10대의 라이프스타일을 찾으려면 직접 그들의 세계 속으로 들어가야 한다. 인터넷이나 신문기사에 의존하면 피상적이고 도식적인 이야기만 나온다. "알바(아르바이트) 석 달 해서, 알마니(아르마니) 코트 사 입었어요"라는 17세 학생의 증언은 들을 수 없다.
- 예상 소비자의 식생활을 조사하기 위해 백여 가정의 냉장고 안을 스케치해 온다. 그 안에 제품별로 무슨 종류의 브랜드가 있는지

디지털 카메라로 찍어온다.

- 미리 선정한 예상 소비자들에게 제품을 나누어주고 사용소감을 일기 형식으로 적게 한다. 경쟁사 브랜드도 나누어주고 쓰게 한다. 경쟁사 브랜드만 쓰는 소비자 집단, 그리고 우리 브랜드만 고집하는 소비자들과 인터뷰한다. 우리 브랜드를 쓰다가 싫증나서 다른 브랜드로 넘어간 소비자들도 만나본다. 얼리 어댑터를 만나 우리 브랜드와 경쟁 브랜드의 성능, 장단점을 비교하여 들어본다.
- R&D 팀을 만나 제품 개발의 비밀을 알아둔다. 무슨 신기술을 사용했는지 묻는다. 경쟁사 브랜드와 차별이 되는지 알아본다. 되지 않는다면 왜 그런지 알아본다. 특허가 있는지, 있다면 언제까지 보호되는지 물어본다.
- 공장을 방문하여 제품의 제조공정을 배운다. 제조방법에서 특이한 점이 혹시 없는지 알아본다.
- 슈퍼마켓과 대형할인점에 나가 우리 제품의 진열상태를 살핀다. 경쟁제품의 상태도 조사한다. 쇼핑 카트 속을 관찰한다. 우리 제품을 선택한 소비자의 표정을 살핀다. 대리점 사장과 인터뷰한다. 영업사원과 매장의 판촉 도우미에게도 물어본다.
- U&A(Usage and Attitude) 분석 보고를 듣는다. 시장점유율, 전년도와 전월 대비 매출액을 알아본 뒤 증가와 감소 이유를 물어본다. 매출 곡선을 보고, 광고 커뮤니케이션이 어떤 역할을 해야 하는지 연구한다.
- 경쟁 브랜드의 신제품이 언제 나오는지 조사한다. 어떤 특징을 갖고 있는지 가능한 모든 채널을 동원하여 정보를 입수한다. 어떤

프로모션 계획이 있는지도 조사한다.

● 지난번 광고의 애드 트래킹(AD Tracking) 조사 결과를 살핀다. 어떤 점이 소비자에게 어필했고, 다음 광고에서 어떤 점을 개선해야 할지 연구한다. 혹시 TV광고 이외에 다른 좋은 매체가 있을지 알아본다.

● 식품이라면 맛 테스트 결과를 본다. '좋은 맛, 특이한 맛'은 식품 브랜드의 영원한 화두다. 사람들이 어떤 맛을 좋아하는지 면밀히 분석한다.

● 패키지 디자인의 변동사항이 있는지 알아본다. 진열 상태를 고려한 디자인인지 점검한다. 자동차라면 그릴과 테일 램프 정도 바꾸는 마이너 체인지인지, 디자인 자체를 대폭 바꾸는 메이저 체인지인지 알아본다.

● 해외 수출 상황을 점검한다. 어느 나라에서 인기가 있는지, 어떤 요인이 인기를 끄는지 알아본다. 문화 차이에 따른 해외 소비자들과 국내 소비자들의 취향을 비교해 본다.

● 외국 시장에서의 마케팅 사례를 알아본다. 외국 시장에서의 광고 캠페인 자료를 요청한다. 경쟁 광고를 모두 모니터한다. 각 광고 캠페인의 셀링 포인트를 조사하여 보기 쉽게 도표로 만든다. 슬로건도 조사한다.

● 광고 아이디어 개발에 들어간다. 광고 시안을 준비한다. 콘셉트 보드를 만들어 소비자 사전 조사를 실시한다. 선정된 시안을 다시 수정한다. 소비자의 반응을 반영하여 브랜드의 방향을 정한다.

● 프레젠테이션을 준비한다. 기획서가 일관된 흐름을 유지하고 있는

지 살펴본다. 논리의 과장, 엉성한 부분, 사족 등이 없는지 살핀다. 광고주의 성향과 의사결정 방식, 최근 관심사에 대해서도 알아둔다. 이전 회의의 영향을 받지 않도록 프레젠테이션 직전에 어떤 회의가 있었는지, 그리고 다음 회의 주제가 무엇인지, 몇 시에 하는지 살펴 프레젠테이션 시간을 조절한다. 아이디어 설명을 위해 배경이나 개발과정을 충분히 설명해야 할지, 빨리 본론으로 들어가야 할지 결정한다.

상황이 불리하면 질문을 던져라

준비는 아무리 해도 지나치지 않다. 아는 게 힘이다. 특히 해당 브랜드에 대해서는 단순한 정보 이상의 것을 알고 있어야 한다. 브랜드의 갈 길에 대한 나의 소신도 있어야 한다. 만일 아이디어를 팔다가 갑작스런 질문에 대답을 제대로 하지 못하면, 계속 질문을 받게 된다. 그런 상황에 빠지지 않으려면 많은 것을 알아야 한다. 아이디어만 가져가서 밀어붙이면 아무도 듣지 않는다. 그 생각이 왜 좋은지, 왜 그런 방향으로 가야 하는지 반드시 이유를 대야 한다. 특히 외국인들과 토론을 할 때는 더욱더 풍부한 근거자료를 준비하는 것이 좋다.

예를 들어 '최근 실시된 조사에 의하면(According to a recent survey)'이라고 시작하면 효과적이다. 상대가 내 이야기에 반발하지 못하도록 이유와 근거를 준비했다가 대답하는 훈련이 필요하다.

만일 바로 대답하기 어렵거나 국면을 전환할 필요가 있을 때는 상대에게 질문을 던져보는 것이 좋다. 어떤 장면에서든 질문을 할 수 있다면 슬그머니 주도권을 쥘 수 있다.

아무리 설득하려 해도 듣지 않는 상대가 있다면 방향을 바꾸어 질문을 던져보라. 지금까지 전혀 몰랐다는 듯이 되물어보라. 어리석어 보여도 상관없다. 순간의 창피함이 영원한 행복이 되는 경우가 많다. 그 순간 예상하지 않았던 화살 때문에 상대는 잠시 주춤하게 마련이다.

그러면서 상대는 그런 것도 모르냐는 표정과 함께 설명을 시작할 것이다. 모르는 사이에 국면이 바뀐다. 그리고 그가 설명하는 동안 호흡을 고르다가 나의 아이디어 이야기로 다시 넘어간다. 비즈니스뿐 아니라 자신의 문제를 해결할 때도 스스로에게 질문을 던져보라. 문제가 다시 명확해지고, 잃었던 길이 다시 보이기 시작한다.

사람의 유형별로
던지는 질문이 다르다

기무라 다카시와 다카하시 게이지는 『질문기술』에서 인간을 에니어그램에 따라 9가지 유형으로 나누었다. 그리고 각 유형마다 생각하는 방식이 다르므로 문제가 발생하면 해결하는 방식도 다르다고 설명한다. 리더십, 코칭, 프로젝트 관리, 경력계발 등 여러 면에서 도움을 받을 수 있는데, 여기서는 프레젠테이션을 위한 질문을 살펴본다. 프레젠테이션에서 만날 사람이 어떤 유형인지 미리 알고 돌발 질문에 대비하자.

1 완벽주의자

- 프레젠테이션의 목적과 의도는 정확한가?
- 준비는 빈틈없이 하는가?
- 프레젠테이션에 적합한 복장인가?

2 헌신가

- 웃는 얼굴로 대하는가?
- 의식적으로 마음을 전달하고 있는가?
- 감사의 마음을 잊지 않았는가?

3 성취가

- 오늘의 목표가 구체적인가?
- 그 목표가 독선적이지 않은가?
- 자신이나 제안을 잘 표현하는가?

4 예술가

- 나의 개성을 발휘할 수 있는 프레젠테이션인가?
- 감동을 연출하고 있는가?
- 미적 감각, 예술적 요소가 가미되어 있는가?

5 연구자

- 청중이나 회의에 대한 정보가 충분한가?
- 제안이나 이야기의 근거는 명확한가?
- 사람과의 관계를 의식하고 있는가?

6 근면가

- 불안요소는 무엇인가? 그것을 파악하고 있는가?
- 리허설을 했는가? 회의 장소는 체크했는가?
- 참가자 이외의 사람에 대해서도 배려하고 있는가?

7 낙천가

- 프레젠테이션을 즐기고 있는가? 청중을 즐겁게 하고 있는가?
- 청중의 주의를 끌 방법을 찾고 있는가?
- 음의 고저를 의식하고 이야기하는가?

8 지도자

- 신념을 가지고 이야기하는가?
- 꼭 전해야 한다는 기백으로 가득 차 있는가?
- 전달하고 싶은 내용을 한마디로 말할 수 있는가?

9 중재자

- 청중이 여러 가지 가치관을 가진 사람들의 집합체라고 인식하고 있는가?
- 모두를 보며 이야기하고 있는가?
- 자신을 객관적으로 볼 수 있는가?

25 아이디어를 팔려면 '프리셀링(pre-selling)'은 필수

No를 거꾸로 쓰면 전진을 의미하는 On이 된다. 모든 문제에는 반드시 문제를 푸는 열쇠가 있다. 끊임없이 생각하고, 찾아내라.

—노먼 빈센트 필

사랑하는 엄마, 아빠

대학에 입학해서 집을 떠나온 지도 벌써 석 달이나 됐네요. 그동안 편지를 제대로 쓰지 못해 미안해요. 무심함을 용서하세요. 편지를 읽기 전에 일단 의자에 앉으세요. 아니면 읽기가 힘드실 테니까요. 아셨죠.

저는 그럭저럭 잘 지낸답니다. 머리가 좀 깨지고, 뇌진탕에 걸리긴 했지만요. 처음에 기숙사에 온 날, 제 방에 불이 나는 바람에 창문으로 뛰어내렸다가 그렇게 됐는데, 이젠 거의 다 나았어요. 병원에 겨우 2주 입원했고, 시력도 거의 정상으로 회복됐어요.

다행히 기숙사에 불이 난 것과 제가 뛰어내린 걸 가까운 주유소 종업원이 봤어요. 그래서 소방차와 구급차를 불러주었지요. 그 남자가 문병도 오고, 기숙사가 불에 타 오갈 데 없는 저를 자기 아파트에 함께 살게 해주었어요. 우린 사랑에 빠졌고, 머지않아 결혼도 할 생각이에요. 물론 날짜는 아직 잡지 않았지만, 확실한 건 제가 출산하기 전에 할 거라는 거죠.

그래요. 엄마, 아빠! 제가 아기를 가졌어요. 결혼이 좀 늦어지는 건 남자친구가 전염병에 걸려 그런 거랍니다. 저도 그만 부주의로 그 병을 얻어서 출산 전 혈액검사를 못하고 있어요. 하지만 매일 페니실린 주사를 꾸준히 맞고 있으니까 틀림없이 곧 나을 거예요.

두 분께서 열린 마음으로 그이를 가족으로 받아주시리라 믿어요. 그이는 교육은 제대로 받지 못했지만 정말 친절해요. 꿈도 있고요. 우리와 피부색도 다르고, 종교도 다르지만 너그러이 받아주실 거죠. 두 분도 내가 그이를 사랑하는 것 못지않게 그이를 사랑해 주시리라 믿어요. 집안도 아주 좋아요. 그이의 아버님께서는 옛날에 아프리카 고향마을의 유명한 총잡이셨대요.

이게 그동안의 제 소식이에요. 그런데 사실은 기숙사에 불이 나지 않았어요. 뇌진탕도 걸리지 않았고 머리도 멀쩡해요. 물론 매독에 걸리지도 않았고, 남자친구는 없었어요. 그런데 역사 학점이 D가 나왔네요. 프랑스어는 낙제고요. 다만 부탁드리고 싶은 것은 제 학점을 좀 새로운 시각으로 봐주셨으면 좋겠다는 거예요.

두 분의 사랑스런 딸, 도로시 올림

『설득의 심리학』에 나오는 이 편지에서 도로시는 사람들이 입으로는 늘 변화를 외치지만, 의외로 충격을 싫어한다는 것을 잘 알고 있다. 사람들의 마음속 한구석에는 그냥 살던 대로 살고 싶어 하는 본능이 들어 있다는 것도 알고 있다. 그래서 충격완화용 편지를 쓴 것이다. 그리고 무엇보다 자신의 나쁜 학점을 '어필'하기 위한 효과적인 프리셀링(pre-selling) 기술을 보여준다.

아이디어를 발표하기 전에
뼈대를 넌지시 던져라

곧 나올 아이디어를 기술적으로 예고해서 사람들의 기대감을 키우는 방법을 '프리셀링'이라고 한다.

사람들은 주변 환경이나 업무 처리 방식이 바뀌면 거부반응을 보인다. 새삼스레 다시 배우기 귀찮은 까닭이다. '좀 내버려둬라'며 좀처럼 바뀌려 하지 않는다. 그 마음을 뚫고 들어가야 한다. 무슨 아이디어든 그 장벽을 통과해야 침투할 수 있다.

사람들은 발표된 아이디어가 기대하던 바와 너무 다르거나 받아들이기 어려우면 당황한다. 그러기 위해서는 미리 예고를 해서 안심을 시켜야 한다. 본격적으로 발표하기 전에 아이디어의 방향이나 뼈대만 넌지시 던져보라. 그러면 상대의 반응을 미리 엿볼 수 있다.

프리셀링은 충격을 줄이는 것 이외에도 다음과 같은 장점이 있다.

아이디어에 대해 친밀감을 느끼게 한다

첫인상이 오래가는 법이다. 아무래도 한번 본 아이디어는 다음에 볼 때 친밀하게 느껴지게 마련이다. 단, 신선함이 떨어질 수 있으니 유의해야 한다. '아, 그거 본 거잖아'라며 대충 흘려들을 수 있다. 두 번째 제시할 때는 약간 손을 보는 것이 좋다.

그 아이디어가 좋은 이유를 시간을 갖고 설명할 수 있다

아이디어를 제시하는 프레젠테이션 시간은 대개 정해져 있다. 그래서 길게 설명하기가 어렵다. 그러므로 여유 있는 시간에 상대를 미리 만나 차분하게 이유를 설명하면 설득적이다.

제시한 아이디어를 수정할 기회가 생긴다

만일 미리 제시한 아이디어가 처음에 잘 받아들여지지 않으면 수정을 할 수 있다. 어차피 아직 본격적인 발표가 아니므로 지적을 수용하여 고칠 여유를 확보할 수 있다.

왜 프리셀링을 하는 것일까? 기대감을 높이는 것 외에 어떤 효과가 있을까? 바로 사람들을 안심시키는 효과가 있다.

아이디어 파는 방식을 재점검할 수 있다

완전히 방향을 바꿀 필요는 없다. 어떻게 해야 상대가 잘 받아들일지 미리 알아냈으므로 앞으로 상대의 입맛에 맞추어 파는 방식을 준비할 수 있다.

프리셀링을 많이 할수록 아이디어 팔기에 유리하다

프리셀링을 한 번 이상 하면 쉽게 받아들여진다. 처음 듣는 아이디어에 대한 충격을 완화해 주고, 듣는 이도 아이디어를 지적하고 수용하면서 함께 창조하는 기분을 맛보게 되기 때문이다. 단, 지나치게 많은 부분을 수용하면 상대의 구미에만 맞는 아이디어로 변질될 수 있는 점을 경계해야 한다.

오길비앤매더의 교육 담당 디렉터인 데이비드 레빗은 프리셀링의 중요성에 대해 다음과 같이 말한다.

"아이디어를 팔 때, 무턱대고 시안부터 설명하려 들지 마세요. 세부 사항을 설명하기 전에 먼저 '이야기'를 들려주세요. 프랑스 식당의 주방장은 절대로 급하게 주문을 받지 않습니다. 만일 그날 팔아야 할 것이 생선 요리라면 살아 있는 생선을 들고 나와 눈앞에서 직접 보여주면서 권유합니다. 그러면 웬만한 사람들은 대개 그의 이야기 속으로 빠져들게 되지요. 그저 주방장이 유도하는 대로 따릅니다. 바로 그것이 프리셀링의 기술입니다. 서두르지 마십시오. 듣는 사람이 좋아하지 않을 수 있습니다. 여유를 가지세요. 마치 주방장처럼 아이디어를 설명할 때는 하나하나 정성껏 설명하는 것이 좋습니다. 명주방장은 자기가 애써 만든 여러 가지 음식을 결코 한 접시에 담지 않습니다. 아이디어를 파는 우리는 웨이터가 되기보다는 주방장이 되어야 합니다."

강요로는 아무것도 팔지 못한다

당신이 큰맘 먹고 100만 원도 넘는 디지털 카메라를 산다고 가정해 보자. 판매자의 말 몇 마디에 충동적으로 구

아이디어를 팔려면 프리셀링을!

매를 결심할 것 같은가? 어림도 없다. 아마도 당신은 다음과 같은 준비 행동을 차례로 하게 될 것이다.

일단 어떤 브랜드가 좋은지 카메라를 먼저 사서 쓰고 있는 친구들에게 물어본다. 제조사 홈페이지에 들어가 카메라의 기본사양과 특징을 살펴본다. 사용자 동호회나 카페에 가서 분위기를 살핀다. 얼리 어댑터들의 사용 후기를 꼼꼼히 읽어본다. 액세서리와 가방 디자인도 알아본다.

무슨 렌즈를 더 사야 할지 알아본다. 이미 갖고 있는 렌즈를 사용할 수 있는지, 손 떨림 방지 기능이 있는지 알아본다. 전문 작가들은 어떤 기종을 많이 쓰는지 알아본다.

가격 비교 사이트에 들어가 최저가를 알아본다. 날 잡아서 백화점이나 전자상가에 가서 직접 물어본다. 카드로 결재한다면 무이자할부는 없는지 알아본다. 홈쇼핑에서는 같은 구매 조건에 무엇을 더 끼워주는지 확인한다. 애프터서비스는 잘 받을 수 있는지, 단순 변심으로 인한 환불 규정은 어떤지, 중고로 되팔 때의 가격 등을 알아본다.

이런 준비 행동은 카메라를 사는 순간까지 계속 이어질 것이다. 신용카드로 구매했다면 환불이 가능한 일주일 이후까지 이어질 것이다. 성격에 따라 몇 달이 걸릴 수도 있다. 이것이 가격이 높은 고관여 제품을 고르는 소비자들의 마음상태다.

그래서 마음이 복잡한 그들에게 프리셀링이 필요하다. 무턱대고 무엇을 사라고 다짜고짜 들이밀면 놀란다. 정보부터 제공해야 한다. 프리셀링을 할 때 주의점은 듣는 이에게 불필요한 충격을 주지 말라는 것이다. 이왕 벌어진 일이니 솔직하게 말하는 것이 멋있을 것 같아 폭탄선언을 하는 일은 피하라. 듣는 이는 폭격을 맞아 터져버릴지도 모른다.

예고편을 상영하라

프리셀링은 물건 팔 때만 필요한 기술이 아니다. 세상을 부드럽게 하는 기술이자 연애의 기술이다. 작업계의 고수들은 결코 서두르지 않는다. 여건이 될 때까지 기다린다. 하고 싶은 말이 있어도 꾹 참고 상대를 이해하려 애쓴다. 그러기 위해 다른 사람이 하는 말을 잘 듣는다.

결국 말해 주는 내용 안에 답이 있으므로 무엇을 원하는지 금방 잡아낼 수 있다. 그런 다음 그것을 열심히 해결해 준다. 그러면 상대는 감동하게 마련이다.

아이디어를 팔기 위해 무던히도 애쓰고 있는 내게 오길비앤매더 아시아태평양 지역 전략 플래너인 마크 블레어도 같은 조언을 해주었다. "커뮤니케이션 전략을 세울 때 제일 먼저 할 일은 내게 유리한 그라운드를 얻는 일(to gain ground)이다." 그것이 바로 프리셀링이다.

본편으로 들어가기 전에 미리 유리한 고지를 확보하라. 그래야 다음 단계로 들어가기 쉽다. 물렁물렁한 그라운드에는 발이 자꾸 빠진다. 일단 탄탄하게 다져진 그라운드가 확보되어야 그 위에서 도약을 하든 달려가든 굴러갈 수 있다.

의사 : 좋은 소식과 나쁜 소식이 있어요.
환자 : 그럼 좋은 소식부터 말씀해 주시죠.
의사 : 선생님은 앞으로 24시간밖에 살지 못합니다.
환자 : 뭐라고요? 그럼 나쁜 소식은 뭐요?
의사 : 음…… 어제 말씀 드렸어야 했는데, 제가 깜빡 잊었네요.

프리셀링에는 시간과 노력이 든다. 그냥 한 방에 팔면 될 것을 미리 예고편을 만들어 반응을 떠보는 일이기 때문이다. 여기에 힌트가 있다. 프리셀링을 잘하려면 그것을 예고편이나 티저(teaser)로 생각하

25 아이디어를 팔려면 '프리셀링(pre-selling)'은 필수 •

라. 사람들은 의견을 개진할 때는 변화나 개혁을 외치지만 개인 생활에서는 안정을 원한다는 사실을 잊지 마라.

아이디어를 팔 때도 마찬가지다. 프레젠테이션을 하는 날 느닷없는 아이디어를 제시해서 2초 안에 내 생각에 동의해 달라고 요구하지 마라. 영화처럼 예고편을 미리 몇 차례 상영하여 본편에 대해 대략적인 이해를 시켜라. 그래서 적당한 기대감을 갖게 하라. 그다음에 본편을 차근차근 이야기하라.

그것이 비결이다. 만나자마자 결혼하자고 했을 때 좋다고 말할 사람이 있겠는가?

세상에는 우호적 청중과 적대적 청중이 있다. 무슨 아이디어를 가져가도 다 받아주는 우호적 상대라면 프리셀링 같은 것은 필요 없다. 그러나 안타깝게도 아이디어 비즈니스에는 적대적 청중의 수가 더 많다. 따라서 의심 많고, 무슨 아이디어를 들어도 늘 불안해 하는 적대적 상대에게 아이디어를 팔아야 한다면 프리셀링만으로는 부족하다. 프리-프리셀링(pre-pre-selling)이 필요할지도 모른다.

인터넷에서 프리셀링 할 때 점검할 사항

인터넷 거래를 할 때는 상대를 일대일로 만나 이야기할 수 없으므로 더욱 세심하게 프리셀링을 설계할 필요가 있다. 웹상에서 프리셀링을 할 때 점검할 사항들을 몇 가지 알아본다.

1 디자인이 사이트의 모든 내용과 어울리는가?

2 방문객이 무엇을 기대하는지 이해하고 있는가?

3 정말로 유용하고 도움이 되는 정보를 소개하고 있는가?

4 첫 페이지를 보고 다음 페이지로 넘어가고 싶게 만들었는가?

5 방문객에게 알맞은 톤을 사용하는가?

6 방문객에게 확실한 믿음을 주는가?

26 전략 없이는 아이디어를 팔 수 없다

> 어떤 칭찬에도 동요하지 않는 사람도 자기 이야기에 마음을 빼앗기고 있는 상대에게 는 마음이 흔들린다.
>
> —자크 워드

카피라이터 : 영화 〈13 자메티〉에서 주인공 머리 뒤에 차가운 총부리 가…… 그때 음악이 '짜안' 하고…….

광고주　　 : 예전에 그런 광고 있지 않았나?

카피라이터 : 그럼 바꾸지요.

광고주　　 : 마지막 카피는 뭔가?

카피라이터 : 네? 마지막 카피요? 아, 아직 정리가 안 돼서……. 오늘 방향이 정해지면 멋있게 다시 쓰려고…….

광고주　　 : 방향 결정 없이 이게 벌써 몇 번째 프레젠테이션인가?

카피라이터 : 그리고 이 비주얼은 진짜가 아니라 자료 이미지를 합성

한 거라 지금은 약간 엉성하지만, 나중에 실제로 찍으면 괜찮을 겁니다.

광고주 : 그럼 그런 걸 왜 가져왔나?

카피라이터 : 그 장면에 '꽝' 하는 음향효과가 들어갈 수도 있고……

광고주 : 어떤 느낌인지 지금 그걸 어떻게 알아? 나중에 녹음실에서 들어봐야 알지. 내가 원래 생각한 건 그런 게 아닌데, 아, 정말 답답하군.

카피라이터 : 그래서 B안을 준비해 왔습니다. 물론 방송에는 한 편만 나가는 거지만, 그래도 선택의 여지가……

광고주 : 그럼 둘 다 찍는 게 어떤가? 한 편은 광고대행사 비용으로.

카피라이터 : 그건 제 권한 밖이라……

광고주 : 소리도 너무 작지 않은가?

카피라이터 : 스테레오로 녹음하지만, 방송에는 모노로 나가서 그런 느낌이 들 겁니다. 자, 그럼 오늘은 이만 하고 빨리 시안을 다시 정리해서 오겠습니다. (이야기가 더 이상 길어지면 곤란하다. 빨리 가자!)

아이디어를 못 팔아도 좌절하지 마라

광고계에서는 이런 상황이 거의 매일 벌어진다. 도대체 뭐가 문제일까? 상황을 바라보는 각도에 따라 해석이 달라진다.

- 꽤 괜찮은 아이디어를 받아보고도 별 이유 없이 거절하는 광고주의 횡포가 문제다. 게다가 광고주는 자기가 직접 아이디어를 내고 싶어 한다.
- 열심히 만들어왔다고 하지만 임팩트가 떨어지는 아이디어를 제시하는 광고회사가 문제다. 광고주가 아이디어를 무조건 사줄 것이라고 믿어서는 안 된다.
- 양쪽 입장이 다 이해되지만 사전에 방향이나 콘셉트에 대한 합의가 없었던 것이 문제다.
- 광고주가 시간이 없다. 아이디어 설명을 별로 듣고 싶어 하지 않는다.
- 광고주가 방향과 콘셉트에 확신을 갖지 못한다.
- 광고회사는 고집 부리다가 일이 끊어질까 봐 알아서 꼬리를 내린다.
- 매번 이런 일이 벌어지므로 별 문제될 것 없다.

모든 해석이 다 가능하다. 하지만 실제상황에서는 어떤 해석도 도움이 되지 않는다. 한마디로 판매에 실패했기 때문이다. 아이디어를 팔지 못했으므로 어떤 핑계도 소용없다. 그러나 좌절할 필요는 없다.

몇 번까지는 이런 일이 벌어져도 상관없다. 어쩌면 이런 과정이 아이디어 비즈니스에서는 필수적일 수도 있다. 파는 이와 사는 이가 몇 번이고 이렇게 왔다 갔다 하며 호흡을 맞추다 보면 아이디어가 발전되기 때문이다.

확실한 전략이 필요하다

하지만 이러한 상황이 비즈니스를 뺏고 빼앗기는 경쟁 프레젠테이션이라면 이야기가 달라진다. 한 방에 설득해야 한다. 20분간의 내 아이디어 프레젠테이션 능력에 수백억 원의 비즈니스가 좌우되기도 한다.

그런데 남의 아이디어는 거절하기 쉽다는 게 문제다. 아이디어를 사는 사람이 꼭 악의가 있어서 그런 것은 아니다. 그냥 아이디어 설명을 들었다고 해서 그 자리에서 바로 사려 들지 않는 것뿐이다.

섣불리 자기 마음대로 결정했다가 나중에 일이 잘되지 않으면 자기가 책임져야 할까 봐 두려운 마음도 생긴다.

상대가 최종 결정권자라면 오히려 가부가 확실하게 결정된다. 그러나 중간관리자라면 아이디어가 자신의 마음에 들어도 마음대로 결정하기 어려운 상황이 벌어진다.

그렇다면 무형의 아이디어를 어떻게 하면 효과적으로 발표할 수 있을까? 전략을 세워야 한다. 물건만 판다고 마케팅이 아니다. 마케팅은 전쟁이다. 전쟁에는 전략이 필요하다.

표현에 관한 것이니 '표현 전략'이라 할 수 있겠다. 그런데 세상일은 계산대로만 되지 않으므로 치밀한 전략도 어이없이 빗나가는 경우가 생긴다. 또한 별 전략 없이 용감하게 덤벼서 성공하는 경우도 많다. 하지만 모든 가능성을 예상하여 미리 철저하게 준비하고 덤벼서 성공한 경우가 훨씬 많다. 실패 시 적극적으로 대처할 여러 가지 대안을 미리 준비해 놓았기 때문이다.

내 아이디어가 왜
좋은지 핑계를 댄다

내 아이디어를 강력하게 밀려면 핑계거리를 준비하라. 그래야 설득하기가 쉽다. 그 핑계가 바로 전략이다. 어떤 주장을 할 때 반드시 그것이 합당하다는 핑계를 대야 사람들은 귀를 열기 시작한다. 입증되지 않은 것은 믿으려 하지 않기 때문이다.

그러려면 우선 '표현 전략서'를 만들어야 한다. 광고회사에서는 이를 '크리에이티브 브리프(Creative Brief)'라고 한다. 크리에이티브 작업을 위한 전략서다. 그런데 그 체제나 흐름이 잘 설계되어 있어 전략을 수립할 때 활용하면 매우 유용하다.

표현 전략서 만들기는 아이디어를 내기 전에 반드시 거쳐야 하는 과정이다. 원래 플래너가 작성하여 크리에이티브 디렉터에게 승인받은 후 아이디어 개발에 들어간다.

또한 표현 전략서는 아이디어 체크리스트 역할을 한다. 우선 전략수립을 위해 항목에 따라 옳다고 믿는 바대로 마음껏 적어놓는다. 그런 다음 발표 직전에 과연 이것이 설득적인지 표현 전략서를 다시 꺼내 되돌아보며 점검한다.

전략서는 생각의 흐름을 논리적으로 분석하여 콘셉트와 방향을 정해주고, 그것이 왜 효과적인지 밝히는 역할을 한다. 또한 이는 상대를 설득하기 위한 최소한의 틀이다.

다음에서 소개하는 표현 전략서는 명석한 두뇌의 소유자들이 검증에 검증을 거쳐 만들어낸 것이다. 세계적인 브랜드를 갖고 있는 기업들은 광고를 시작하기 전에 반드시 이 전략서를 작성하여 광고대행사와 합의한 후 아이디어 개발에 들어간다. 항목이 조금씩 다를 수는 있지만, 대개 비슷하다. 세계의 유명기업들은 이것이 승인되지 않으면 일을 결코 시작하지 않는다.

그래서 전략서 뒤에는 단계별로 각 담당자들의 서명난이 붙어 있다. 각 단계마다 받아야 하는 담당자의 승인은 장식이나 요식행위가 아니다. 그들은 미련할 정도로 서명에 집착한다. 서명난이 다 차지 않으면 일에 착수하지 않는 것이 몸에 배어 있으니 어느 누구도 슬쩍 넘어가지 않는다. 물론 거기 적힌 콘셉트에 합의할 경우에 서명한다. 그러므로 수차례 왔다 갔다 하고, 밀고 당기기를 한 후에 최종본이 완성된다.

만일 서명을 하지 않고 일에 착수했는데 늘 성공한다면 전략서 같은 것은 필요 없을 것이다. 번거롭고 시간만 걸리니까 효율적이지 않다. 그러나 각 담당자들의 서명 없이 일을 했는데 결과가 좋지 않으면 책임 소재를 밝히기 어렵다. 비용과 시간의 손실은 말할 것도 없다. 그래서 개인의 직관이나 감에 의한 작업방식을 피해서 효율을 높이려는 것이다.

표현 전략서에서 확인해야 할 8가지

표현 전략서에는 다음 8가지 항목이 들어간다. 이는 아이디어를 내기 전에 생각해야 할 최소한의 체크 항목이다. 아이디어를 내기 전에 작성해 보고, 아이디어를 낸 후에 이 내용과 맞는지 점검해 보자. 세계의 마케터들도 그렇게 한다. 그들과 겨루려면 우리도 그렇게 해야 한다.

CREATIVE BRIEF(크리에이티브 브리프)

Client: 보건복지부   **Project:** 금연캠페인
Media: 잡지광고 1P   **Date:** 2009. 10. 20   **Job number:** CJU20090527

BACKGROUND (광고 실시 배경)
담뱃값이 오르고 다양한 금연 캠페인이 진행되고 있지만, 흡연자의 수는 줄어들지 않고 있다. 이에 본 협의회에서는 지금까지 보지 못했던 새롭고 신선한 아이디어로 금연 캠페인을 개발하여 흡연인구를 대폭 줄이려는 계획을 갖고 있다.

MARKETING OBJECTIVE (마케팅 목표)
한국 흡연인구는 OECD 국가 중 터키에 이어 2위(OECD 건강백서 2007)다. 캠페인 실시 6개월 안에 한국 남성 흡연 인구 **46.6%**를 **30%** 이하로 낮춘다.

ROLE OF ADVERTISING (광고의 역할)
전체 캠페인 중에서 잡지광고를 가장 먼저 집행하므로 우선적으로 흡연자의 관심을 유도한다. 그래서 잡지광고를 본 후 인터넷 광고 캠페인에 참여하게 한다.

BRAND DEFINITION (브랜드의 정의)
흡연은 자살이다

COMPETITION (경쟁 상황)
흡연에 대해 관대한 우리 문화: 흡연을 권하는 풍토. 외국보다 저렴한 담배가격. 금연장소지정 미약 등

TARGET MARKET (대상 시장)
1차 타겟: 14-18세의 흡연경험이 있는 청소년. 친한 친구들의 권유로 호기심에 피우기 시작한 담배를 이제 끊을 수 없다. 특히 학교에서 쉬는 시간에는 매점보다 화장실로 달려가는 일이 많다. 사복 입고 학원 갈 때는 더욱 많이 피운다. 식후에는 반드시 한 대씩 피워야 소화도 잘 되는 것 같다. 별로 할 일 없을 때 습관적으로 입에 물지만, 특히 긴장되는 일을 앞두고 더욱 많이 피우는 편이다. 하루에 한 갑이 넘어갈 때도 있다. 용돈에서 담뱃값이 차지하는 비율이 점점 높아진다. 지난 학기에 학생주임 선생님에게 걸려 크게 혼이 난 이후에 2일 정도 끊어 보았지만 곧 다시 피우게 됐다. 내 인생에 담배가 유일한 위안이다.
2차 타겟: 흡연의 경험에 노출되어 있는 청소년. 담배를 피우지는 않지만 아주 친한 친구가 권한다면 한 번쯤 입에 물어볼 생각은 하고 있다. 영화에서 주인공이 담배를 멋지게 피우는 장면을 보면 나도 그러고 싶은 충동이 생긴다. 멋있을 것 같다.

WHERE ARE WE? (우리의 현재 상황)
청소년 흡연률이 세계 최고 수준. 질병관리본부 조사에 의하면 흡연 청소년은 담배를 피우지 않는 또래에 비해 음주경험은 4배, 성경험은 11배나 높은 것으로 나타났고, 자살 시도 또한 3배나 높았다. 끊기가 정말 어렵다.

WHERE ARE WE GOING? (광고 본 후의 기대반응)
캠페인을 보고 당장 담배를 끊게 할 수는 없지만, 일단 이번에 집행하는 잡지광고를 보고 나면 구체적으로 금연을 해야겠다는 결심을 세우게 한다.

CONCEPT
금연하면 스타일이 따라온다

SUPPORT
일단 입과 몸에서 불쾌한 냄새가 나지 않으며, 기침을 덜 하고, 가래침도 덜 뱉는다. 목소리도 맑아진다. 더 이상 조금만 뛰어도 숨차지 않는다. 건강에 자신이 생긴다. 당당하게 걷게 된다.

MUSTS
보건복지부 로고. 캠페인 슬로건 개발하여 광고에 삽입. 지나치게 부정적인 접근은 피할 것.

SCHEDULE 2009년 10월 25일 1차 시안(섬네일 스케치 형태) 제시
2009년 10월 27일 2차 시안(섬네일 스케치 형태) 제시

Signatures

Client	Lee. Steve
Creative Director	S.S. CHONG
Group Account Director	Jay PARK
Managing Director	Manyung Choi

광고 목표

도대체 왜 이 광고를 하려 하는가? 인지도를 높이려고? 신제품이라서? 재고가 많아서? 광고비가 남아서? 회장님 지시로?

모든 유혹을 버리고 딱 하나만 적어라. 한 번에 하나도 달성하기 어렵다. 딱 한 가지 광고 목표를 처음부터 구체적으로 정해놓아야 나중에 아이디어를 평가할 때 기준이 된다. 광고 아이디어가 아무리 재미있어도 이 목표에 맞지 않으면 실패다.

또한 광고를 집행한 후에 평가와 측정을 할 수 있도록 구체적으로 측정 가능한 목표를 세우는 것이 좋다. 예를 들어 '브랜드에 대한 인지도를 높인다'라는 목표보다 '현재 45퍼센트인 브랜드 인지도를 광고 집행 후에 60퍼센트까지 올린다'라는 식의 목표를 세우는 것이다.

경쟁 상황

광고 콘셉트를 정하기 전에 혹시 경쟁사들이 동일한 아이디어를 사용하고 있지 않은지 미리 빈틈없이 조사해야 한다. 열심히 준비했는데 나중에 보니 이미 경쟁사가 같은 전략으로 재미를 보고 있다면 낭패다. 경쟁사 광고가 이미 집행되고 있는데, 생각은 내가 먼저 했다고 우길 수는 없지 않은가.

따라서 경쟁 상황 조사는 차별화된 아이디어를 위해 필수적으로 거쳐야 하는 단계다. 물론 남의 전략과 아이디어를 모방하는 '따라 가기' 전략도 전략이다. 그러나 독특한 제안 없이는 무리들 속에 묻힌다. '지피지기면 백전백승'이다.

목표 대상

같은 메시지라도 그것을 접하는 대상에 따라 접근하는 방식이 달라진다. 예를 들어 금연 캠페인을 한다면 목표 대상에 따라 접근방식이 달라질 것이다. 금연하자는 메시지는 같아도 20대 남녀 흡연자에게 던지는 방법과 중학생 흡연자에게 던지는 방법은 다르다. 또 목표 대상이 군인 흡연자라면 접근방식이 또 다를 것이다. 임신부 흡연자에게도 다른 식으로 다가가야 한다.

목표 대상의 범위를 좁힐수록 성공확률이 높다. 마케터는 보다 많은 사람들을 대상으로 전략을 세우려는 유혹에 빠지기 쉽다. 하지만 고수들의 가장 고전적인 조언은 딱 한 사람에게 말하라는 것이다. 연애하듯 하라고 했다. 데이비드 오길비는 "고객은 결코 멍청하지 않다. 그녀는 당신의 아내다"라고 말했다.

내 브랜드에 대한 사람들의 인식

혹시 모든 사람들이 내 브랜드를 너무나 사랑하고 있다고 생각하지는 않는가? 당신만 그러고 있는 것은 아닌가? 어려운 일이지만, 자신에 대한 균형 잡힌 시각을 유지해야 한다. 조금만 거만해도 사람들은 바로 거부감을 표시한다.

인터넷의 가공할 위력을 늘 염두에 둬라. 좋은 이야기는 묻히지만 나쁜 이야기는 실시간으로 세계로 퍼진다. 순식간에 원하지 않는 방향으로 확대 재생산되기 십상이다.

품질이 아무리 좋아도 이미지가 나쁘면 사지 않는다. 소비자 조사를 통해 꼭 알아보아야 한다. 생각지도 않았던 반응이 나오는 경우가 많다. 여기가 전략의 시작이다. 열심히 물어보고 또 물어보라.

광고를 본 후 사람들의 인식

내 아이디어를 보고 사람들이 내 메시지를 이해했는가? 최소한 관심은 갖게 되었는가? 사람들의 기대반응을 예상하여 적어보라. 이 칸을 채우기는 쉽다. 앞의 광고 목표와 동일한 내용일 것이므로 그것을 보고 적으면 된다.

예를 들어 광고 목표가 "임신부 흡연자에게 금연을 하게 한다"였다면 "임신 중에 금연해야 한다는 것을 알게 됐다"라는 식으로 적어두는 것이다. 그래야 아이디어를 내는 중간에 맞는 방향으로 가고 있는지 점검할 수 있다.

콘셉트

'도대체 무슨 말을 하려는가?'에 대한 대답을 적어라. 때로는 내 브랜드가 주장하는 바일 수도 있고, 내 브랜드가 주는 혜택일 수도 있다. 그냥 '신선함', '편리함', '우아한 생활'이라 적지 말고 슬로건이나 헤드라인처럼 써보자.

사실 슬로건 형태로 콘셉트를 정리할 수 있다면 일은 다 끝난 것이나 다름없다. 슬로건이란 하고 싶은 얘기를 가장 함축적인 형태로 만든 것이니까. 마치 자신이 카피라이터가 된 것처럼 써보자.

참고로 세계적인 유명 브랜드의 슬로건을 몇 가지 살펴보자.

사람과 사람을 이어드립니다(Connecting people) - 노키아

돈이 사는 곳(Where money lives) – 시티뱅크

발명하라(Invent) – 휴렛팩커드

일단 하세요(Just Do It) – 나이키

전설이 구른다(The legend rolls on) – 할리데이비슨

야후 하세요?(Do you Yahoo?) – 야후

석유를 넘어(Beyond petroleum) – BP(영국석유회사, B는 원래 영국(British)을 의미한다.)

가상세계의 진짜 회사(A real company in a virtual world) – 아마존닷컴

마지막 한 방울까지 맛있어요(Good to the last drop) – 맥스웰하우스

콘셉트를 '한 단어'로 말하면

위에서 정한 콘셉트를 한 단어(OW콘셉트)로 요약할 수 있는가? 결국 그것이 가장 강력한 하나의 키워드가 된다. 추후 어떤 아이디어를 내더라도 그것이 전략에 맞는지 그 단어로 점검해 보면 된다.

예를 들어 나이키에 관한 아이디어라면 'Just Do It'이라는 나이키의 슬로건처럼 아무 핑계대지 말고 몸을 움직이라는 나이키 정신에 맞으면 전략에 맞는 셈이다. 그러므로 'Do!'가 한 단어 콘셉트다. 나이키를 위해 어떤 아이디어를 내더라도, 핑계대지 말고 운동하라는 'Do! 정신'에 맞아야 한다. 그래야 지구상 어느 나라에서도 나이키의 일관된 브랜드 이미지가 유지되는 것이다.

주장을 믿어야 할 이유

사람들은 핑계를 좋아한다. 따지기를 좋아하는 사람은 더욱 그렇다. 그래서 아이디어를 팔려면 상대가 내 주장을 믿어야 할 이유를 반드시

준비해야 한다. 미리 공부해서 내 주장이 좋은 이유를 조목조목 밝혀라. 또 가급적 주장을 먼저 이야기하고 그 후에 이유를 대는 것이 효과적이다. 평소 이유를 대는 습관을 들이면 도움이 된다.

▌상대의 관심사를 파악하라

인생은 커뮤니케이션이다. 그러므로 이 전략서가 꼭 광고 아이디어의 표현 전략을 위해서만 필요한 것은 아니다. 결혼을 위해서, 효과적인 교육을 위해서, 직장을 옮기기 위해서, 창업을 위해서, 억울한 일을 고소하기 위해서, 업무 보고를 위해서, 설교를 위해서, 누군가에게 지혜로운 도움말을 해주기 위해서 등등 일상적으로 활용하면 매우 효과적이다.

마음에 드는 이성친구와 결혼하고 싶은 경우를 생각해 보자. 드디어 웃어른들을 처음 뵈러 가는 날. 도대체 나는 오늘 그분들을 만나 뵙고 어떤 결과를 얻으려 하는가? 나 말고 다른 경쟁상대는 없는가? 그분들에 대해 대충 들어 어느 정도 알고 있다.

그러나 정치적으로는 어떤 성향을 갖고 있는지, 은퇴했다면 지금의 관심사는 무엇인지, 완고한지, 실없는 농담을 잘 받아들이는지, 잘 웃는지, '참이슬'과 '처음처럼'을 가려서 마시는지, 골프를 좋아하는지 혹은 낚시를 좋아하는지, 진한 원두커피를 즐기는지, 지구온난화 혹은 국민연금 정책에 대해 어떻게 생각하는지, 캄보디아 펀드 투자는 이제 늦었다고 생각하는지, 며느리나 사윗감에 대해 평소에 어떤 기대를 하고 있는지 등을 미리 알고 가면 그만큼 화제가 풍부해질 것이다. 그 정도 준비해 가면 4시간은 거뜬하게 대화를 나눌 수 있다.

사람들은 자기의 관심사를 알아주는 사람을 좋아한다. 아무리 말수가 적고, 무뚝뚝한 사람이라도 자기와 같은 것을 좋아하는 사람에게는 말문을 열기 시작한다. 다른 조건은 보지 않고 살다가 후회는 할지언정 둘 다 음악을 좋아한다고 결혼한 부부도 있다.

성공적인 크리에이티브 전략을 위한 17가지 체크포인트

일하다가 생각이 전략적이지 않다는 생각이 들 때 자주 꺼내 읽는 책이 있다. 케네스 로먼과 제인 마스의 『어떻게 광고할 것인가(*How to Advertise*)』이다. 기초적인 내용이라 치부할 수도 있지만, 사실 기초만 알아도 훌륭한 성과를 거둘 수 있다. 따지고 보면 회사 업무 중에 복잡하고 심오한 지식이 필요한 업무는 그리 많지 않다.

1 크리에이티브 전략이 마케팅 계획과 맞게 만들어라.

2 광고 목표를 납득이 가게 설정하라.

3 전략을 실제로 활용할 수 있게 만들어라.
　한 페이지에 담아라.

4 한 가지 이야기만 하라. 위대한 아이디어는 단순하다.

5 비즈니스의 목표를 구체적으로 서술하라.

6 당신의 비즈니스가 어디서 생겨날 것인지 결정하라.

7 목표고객을 파악하라.

8 소비자에게 의미 있는 약속을 하라.

9 약속을 뒷받침하라.

10 차별화하라.

11 제품에 확실한 개성을 부여하라.

12 분명한 점보다는 중요한 점을 찾아 광고하라.

13 한발 앞서 생각하라.

14 전략을 늘 최신의 것으로 유지하라.

15 마땅한 이유 없이는 전략을 바꾸지 마라.

16 전략을 문자화하라.

17 제품 자체가 좋아야 한다.

여기서 경계해야 할 점은 전략을 너무 열심히 생각하지는 말라는 것이다. '전략적'이어야 한다는 강박관념 때문에 재미있는 아이디어를 지나치게 재단하지 않아야 한다. 숙제는 잘했지만 아무도 보지 않는 광고를 만들게 될 테니 말이다.

도대체 어쩌란 말인가? 전략을 따르자니 표현이 울고, 표현을 따르자니 전략이 울고. 결국 로직과 매직을 절묘하게 버무리는 게 답이다.

26 전략 없이는 아이디어를 팔 수 없다 •

27
똑똑하고 믿음을 주는
세일즈맨이 되어야 한다

CREATIVE POWER

> 가끔 실패하지 않는다는 것은 언제나 안이
> 하게 산다는 증거다.
>
> ―우디 앨런

미국의 극작가 아서 밀러가 1949년에 발표해 세계적 성
공을 거둔 작품 〈어느 세일즈맨의 죽음〉의 이야기를 잠시 들여다보자.

주인공 윌리 로먼은 세일즈맨이다. 그는 성실하게 살면 반드시 성공
한다는 신념을 가지고 있다. 그에게는 이해심 많은 아내 린다와 두 아
들 비프와 해피가 있다.

윌리는 대인 관계의 매력이 사업에서 성공하는 열쇠라는 신념을 갖
고, 자신과 가족들에게 불가능한 꿈을 강요한다. 큰 아들 비프는 아버
지가 출장 중 바람을 피운 사실을 알게 되어 밖으로 나돈다. 둘째 아들
해피는 건달로 지내면서도 윌리를 이해하고 따르려 한다.

세일즈 업무를 그만두고 정식 사원 자리를 부탁하러 간 윌리는 36년 간 다니던 회사로부터 해고당한다. 돈을 빌려 운동구점을 차릴 꿈에 부풀어 있던 비프도 꿈을 이루지 못한다.

비프에게 희망을 걸고 있던 윌리는 파멸의 원인이 모두 자신의 잘못된 신념에 있었다는 것을 자각한다. 결국 그는 비프가 생명보험금을 탈 수 있도록 자동차를 타고 폭주하여 자살하고 만다.

로먼의 장례식 날. 그의 아내 린다는 집의 할부금 불입도 끝나고 모든 것이 해결됐는데 정작 이 집에는 아무도 살 사람이 없다고 울며 독백을 한다.

파는 기술을 연마해야 한다

주인공 윌리의 이야기는 60년 전 미국 사회의 모습을 담고 있다. 그러나 그의 삶은 오늘날 우리의 모습과 크게 다르지 않다. 윌리처럼 슬프게 살 수는 없다. 슬기롭게 살아야 한다.

그런데 아직도 많은 사람들이 '세일즈'에 대해 다소 부정적인 시선을 갖고 있다. 뿌리 깊은 '사농공상(士農工商)' 정신 때문인지, 맨 아래 단계의 '상'을 좀 우습게본다. 사실은 4가지 모두 우리의 생활의 필수 요소인데 유달리 장사만 천하게 보는 경향이 아직도 남아 있다. '장사치', '장돌뱅이', '장사꾼' 등의 이름은 아무리 봐도 깔보는 뉘앙스가 담겨 있다.

내게도 '마케팅'은 좀 고급스럽게 들리고, '장사'는 촌스럽게 들린다. 틀림없는 사대주의 영향이다. 영어의 '마켓'이 '시장'이란 뜻이니,

마케팅이란 장사하기다.

물론 시장에서 물건 교환하는 장사만 이루어지는 것은 아니다. 시장에는 각종 정보 교환이 있고, 인심이 있고, 식도락가들의 모임이 있고, 호객하는 이들의 개인기가 있고, 연애도 있다. 우리 생활에 그런 것들 빼면 무슨 재미가 있겠는가? 그러니 특별히 장사를 속되게 볼 일이 없는 셈이다.

게다가 오늘날은 사농공상이 합쳐져 그 경계도 뚜렷하지 않게 됐다. 예전에는 사농공상이 각자 자기 일을 하는 것이었지만, 이제는 건방지게도 '상'이 공부를 하고, '농'과 '공'이 장사를 하며, '사'가 장사에 나선다.

그래서 수많은 사람들이 지금 이 순간에도 선진 장사 기술을 배우러 와튼 장사학교나 켈로그 장사학교, 노스웨스트 장사학교로 가는 것이다. 어렵사리 들어간 회사에 과감하게 사표를 던지고 고급 장사기술을 습득하기 위해 전세금 빼서 떠난다. 온라인 MBA과정으로 열심히 '상'의 기술을 배우는 이도 많아지고 있다. 최근에는 농업 분야의 MBA 과정도 개설되었다.

이 시점에 우리가 할 일은? 이제 우리 생활의 필수기술이 되어버린 '장사 기술'을 더욱 열심히 연마하는 일이다.

이제 우리는 전통적인 의미의 시장에서만 장사를 하지 않는다. 국경을 넘어 가상시장에서도 장사를 한다. 보이지 않는 것도 판다. 우리는 살아가면서 무엇인가를 끊임없이 팔고 있다. 내 아이디어를, 내 이름을, 내 얼굴을, 내 물건을, 내 신념을, 내 예술작품을 팔며 산다. 우리 모두 세일즈맨이다. 그런 시대다. 그래서 기술을 연구해야 한다.

고객의 입장을 견지하라

한가로이 달리는 한낮의 조용한 버스. 모두들 졸고 있다. 무표정한 얼굴로 손잡이를 잡고 서 있는 청년. 그런데 어느 순간 슈퍼모델 같은 늘씬한 미녀가 올라탄다. 숨이 멈출 듯 긴장한 청년. 힐끗힐끗 그녀를 훔쳐본다. 무심한 그녀는 마치 조각처럼 창밖만 내다본다.

넋이 나간 듯 계속해서 그녀를 뚫어지게 쳐다보는 주인공. 드디어 말을 건네보려고 결심한다. 용기를 내어 입을 막 열려는 순간, 무심코 그가 있는 쪽을 향해 고개를 돌리는 그녀. 화들짝 놀라 고개를 돌리고 입을 다물고 마는 주인공. 소심한 주인공의 얼굴 위로 자막이 한 줄 떠오른다.

"Communicate(말을 하세요)."

이탈리아의 한 통신회사 TV 광고 내용이다. '세상이 내게서 사주겠지'라고 속으로만 생각하다가는 묻히고 만다. 내가 무엇을 팔고 싶은지 누가 알겠는가? 누가 나의 심오한 뜻을 헤아려주겠는가? 무언가 팔고 싶다면 파는 기술을 알아두자.

그 기술은 당연히 세일즈맨에게 배우는 것이 좋다. 한 전설적인 세일즈맨에게 성공비결을 묻자, 이렇게 대답했다고 한다.

"별건 없습니다. 방문할 집의 초인종을 누릅니다. 그리고 나오는 사람이 아주머니든 할머니든 상관없이 이렇게 묻습니다. '아가씨! 안에 어머니 계세요?'"

한 유머 책에 나오는 우스갯소리지만 참으로 기발한 발상이다. 가히 전설적인 세일즈맨이라 할 만하다.

파는 기술을 배워야!

실제로 세계 최고의 세일즈맨이었던 지그 지글러는 『당신에게 사겠습니다』에서 다음 2가지를 강조한다.

- 세일즈를 지속적인 학습과정으로 생각하고 끊임없이 공부하라.
- 파는 쪽과 사는 쪽 모두 '좋았어!' 라는 생각을 갖게 하라.

'123화법'을 배워두는 것도 좋다. 컨설턴트 유혜선은 『당당한 서비스』에서 "친절하기만 한 서비스가 아니라, 고객의 마음을 움직이는 서비스로 고객을 사로잡아야 한다"라고 말한다. 그래서 "1분 이내에 화두를 던지고, 2분 이상 상대의 이야기를 듣고, 3번 이상 맞장구를 치며 칭찬을 해줘라"는 것이다.

내 아이디어를 팔려면 우선 말을 참아야 한다. 그리고 상대의 이야기를 잘 들어주는 것이 가장 좋다. 그래야 고객이 당신을 편한 상대라고 생각해 자신의 이야기를 허물없이 내놓기 때문이다. 다 듣고 나면 그 속에 판매의 길이 보인다.

그리고 늘 웃는 얼굴을 보이는 일이 매우 중요하다. 미소는 최고의 화장이다. 거울을 보면서 웃는 연습을 해보자. 첫날은 어색하지만, 익숙해질수록 표정이 달라진다. 자세도 신경 써야 한다. 바른 걸음걸이와 허리를 곧게 편 자세를 유지하라.

성공한 사람들이 자신감 있게 보이는 데는 그처럼 곧은 자세가 한몫을 한다. 판매에서 가장 중요한 것이 고객이다. 아무리 좋은 아이디어라도 고객이 사주어야 한다.

아이디어건 물건이건 서비스건 간에 잘 팔리려면 무조건 고객의 입장을 견지하라. 이는 모든 세일즈 관련 서적의 공통분모다. '사랑'이란 단어가 빠진 유행가가 없듯이, '고객'이란 말이 빠진 세일즈 책은 없다. "내가 사는 입장이라면 어떻게 느끼겠는가?"를 잊어버리면, 강압적이고 일방적인 판매가 되고 만다. 판매가 이루어지지 않는다. 고객이라 믿었던 이들이 내게서 이탈한다. 고객을 감동시키지는 못하더라도 고객의 마음을 해치면 곤란하다.

서로 간의 신뢰가 최우선이다

그런데 사람과 사람 사이에 절대 잊지 말고 챙겨야 할 것이 하나 있다. 바로 서로 간의 '신뢰'다.

자신의 목적 달성만을 위해 신뢰를 깨거나 강요하지 말아야 한다. 특히 꼬리에 꼬리를 물고 내 장사에 들어오게 하는 기법이 선량한 사람의 행복을 망가뜨리는 경우가 많다.

처음 의도는 그렇지 않았더라도 상대를 재정적으로나 인간적으로 해쳐 파국에 이르게 하는 일은 죄악이다. 내 아이디어나 물건을 사줄 고객은 나의 정복대상이 아니다. 내 판매기술을 실험하기 위한 흰쥐가 아니다. 나의 알량한 말재주나 분위기 장악하는 수완을 믿고, 상대를 실험하지 말자.

지그 지글러는 사람들이 당신에게 사지 않는 데에는 5가지 이유가 있다고 말한다.

- 필요가 없어서
- 돈이 없어서
- 급하지 않아서
- 사고자 하는 욕망이 없어서
- 당신에게 믿음이 가지 않아서

이 가운데 다섯 번째의 경우가 가장 많다고 한다. 아이디어의 판매기술도 중요하지만, 더욱 중요한 것은 듣는 이에게 믿음을 주는 일이라는 점을 명심해야 한다. 내 아이디어에 대해 정말 자신 있다면 "나보다 더 많이 생각했나요?"라는 배짱으로 열심히 설명하라. 그러면 다 들어준다. 사 준다. 신념을 갖고 팔자!

그리고 아이디어 판매에는 늘 돌발 상황이 생기기 때문에 순발력 훈련도 필요하다. 사람들은 얄팍한 임기응변은 싫어한다. 예측하지 못한 난감한 상황에서는 머리를 굴리지 말고 솔직하게 대답하라. 모른다고 하거나, 미처 예상하지 못했다고 진심을 담아 말하라.

답을 채 준비하지 못했다고 고백하며 슬기롭게 한발 옆으로 피하는 모습을 비난하는 사람은 드물다. 오히려 경계심을 풀고 그를 이해하려 한다. 인간적이기 때문이다.

결국 사고파는 일은 사람과 사람 사이의 일이다. 사람을 중시하라. 관계를 중시하라. 당신이 파는 것이 무엇이건 간에, '파는' 일에만 집중하는 것은 반쪽의 성공이다.

아이디어나 물건을 파는 데는 성공할지 몰라도 사람과의 관계를 무시하면, 세일즈맨 윌리 로먼이 된다. 장사하겠다고 윌로 로먼처럼 죽을 수는 없다. "세일즈맨처럼 죽음?"

사람의 마음을 사로잡는
6가지 설득의 법칙

『설득의 심리학』으로 유명한 로버트 치알디니 교수는 그의 최근 저서
『설득의 심리학 2』에서 6가지 설득의 법칙을 설명한다.

1 사회적 증거의 법칙

사람들은 사회적 증거를 중요시한다. 다른 사람들이 어떻게
행동하느냐의 영향을 많이 받는다. 그중에서도 자신과 비슷
한 사람의 영향을 가장 많이 받는다. 그래서 판매 1위의 맥
도날드는 광고할 때 수십억 명의 사람이 맥도날드 제품을
먹는다는 사실을 강조한다. 제품에 만족한 고객들에게 사용
후기를 올려달라고 요청하는 것도 그 때문이다.

2 상호성의 법칙

인간관계는 주고받음이다. 시식코너에서 뭔가 먹은 사람은 그 제
품을 살 가능성이 높다. 공짜로 먹었다는 사실 때문에 마음의 빚을
진 것으로 생각하고 이를 해소하고 싶어 한다. 호의는 타인의 마음
으로 들어가는 열쇠이다. 진정한 의미의 영향력 있는 사람이 되고
싶으면 먼저 다른 사람을 도와주거나 양보하는 것이 지혜로운 행
동이다.

3 일관성의 법칙

막연하게 투표를 해달라고 광고하는 대신 "투표할 예정이시죠?"라는 질문을 했을 때, "예"라는 답을 한 사람은 질문을 받지 않은 사람보다 참여율이 25.2 퍼센트 높았다. 일단 답을 한 사람은 자신이 한 말을 지켜야 한다는 부담감을 가지게 된다. 일관적인 행동을 하는 사람이라는 것을 보여주고 싶어 하기 때문이다.

4 호감의 법칙

제품의 작은 단점을 먼저 언급하면, 고객은 광고하는 회사가 정직하고 믿을 만하다고 생각한다. 그 후 진짜 장점을 언급하면 훨씬 설득력이 높아진다. 폭스바겐은 비틀의 못생긴 외관 때문에 고민 끝에 이런 광고카피를 만들었다. "외모로만 판단하지 마세요." "못생긴 게 더 진국이랍니다." 그 결과 사람들의 마음을 끌었고 크게 히트를 했다.

5 희귀성의 법칙

더 이상 가질 수 없다고 느끼면 사람들은 조바심을 낸다. 그래서 마감 시간, 한정 판매 같은 이야기를 한다. "20퍼센트 할인된 가격으로 구입하세요"라는 말보다 "20퍼센트 할인된 가격으로 신제품 체험할 수 있는 기회를 놓치지 마세요"라고 말하는 것이 효과적이다. 또 아이디어를 제시하면서 얼마의 절감효과가 있다고 하지 말고, 아이디어를 채택하지 않을 경우 얼마의 금액을 잃어버리게 된다는 식으로 메시지를 설계하는 것이 효과적이다.

6 권위의 법칙

본인이 자기 자랑을 하면 사람들은 믿지 않는다. 하지만 다른 사람으로 하여금 자랑을 하게 하면 믿는다. 자신의 능력을 보증하기 위해 대변자를 고용하는 것도 효과적인 설득수단이다. 의사들이 환자들의 눈에 잘 띄는 곳에 자격증명서를 걸어두는 것도 그 때문이다.

28 어디서든 누구 앞에서든 팔 수 있어야 한다

CREATIVE POWER

> 우리는 판다. 그러지 못하면 아무것도 아니다.
>
> ─데이비드 오길비

    영어인지 불어인지 도통 알아들을 수가 없다. 외국인이 전화하면 살짝 긴장된다. 얼굴이 보이지 않으므로 못 알아들은 부분을 넘겨짚기가 어려워서다. 전화를 건 이도 답답한지 목소리의 톤이 자꾸 올라간다. 그런데다 '지직 지직' 소리가 섞여 들린다. 이럴 때는 안 들리는 척하고 "What? What?" 하다가 슬쩍 끊어버리는 것이 좋다. 정급한 상황이면 자기가 다시 걸 테니까.

    금세 벨이 다시 울린다. 전화기에 뜨는 번호를 보니 다시 그 사람이다. 0008-225-0027-3642라는 번호다. 남아프리카공화국에서 일하는 해리라는 애니메이터인데 나를 만나고 싶다고 한다. 포트폴리오를 보여주고 싶으니 딱 30분만 시간을 내달라고 한다. 이번 주는 좀 바쁘다고 넌지시 말을 피했더니, 다음 달에 온다며 게다가 날짜를 복수로 제시한다. 이렇게 되면 아무리 바쁜 척해도 피할 구실이 없다.

드디어 그가 사무실로 왔다. 자신이 작업한 애니메이션 작품을 보여주는데, 지금까지 보던 스타일과는 전혀 다른 풍의 새로운 접근이다. 색감도 정말 뛰어나다. 특히 사운드 디자인은 압권이다. 보지 않았으면 후회할 뻔했다.

해리와 이 얘기 저 얘기 나누다 보니 약간 친해졌다. 갑자기 그가 짐을 챙긴다. 30분이니까. 당장 애니메이션을 할 프로젝트는 없었으나 기회가 생기면 나는 해리에게 제일 먼저 전화할 것이다. 아프리카가 아무리 멀어도 거리는 문제가 되지 않는다. 우리에게는 비행기가 있다.

해리가 준 교훈 : 만나고 싶은가? 꼭 만나고 싶은가? 그렇다면 끝까지 데이트 신청을 하라. 드디어 만났는가? 초면이다. 너무 오래 머무르지 마라.

또 어려운 전화다. 이번에는 젊은 여성의 목소리. 서툰 영어에 '쉬, 쉿' 하는 소리가 섞여 있다. 이건 독일어? 아니다. 폴란드 악센트라 한다. 바르샤바에 사는 소녀다. 목소리는 아주 낮다. 중성 같은 느낌이다. 또박또박 내 이름을 확인하더니 자기 이름은 비올리탁이라고 한다. 인턴 광고 디자이너로 런던과 베를린에서 일했다고 한다. 용건은 두 달 동안 한국에서 인턴십을 하고 싶다는 것. 그래서 유럽 경험 이외에 아시아 경험을 쌓고 싶다고.

28 어디서든 누구 앞에서든 팔 수 있어야 한다

뭐야? 한국 학생들도 인턴십을 못 얻어 난리인데. 한국어를 못하고, 한국 경험도 전혀 없는데, 어떻게 여기서 일하겠느냐고 물었더니, 한국인 친구가 있어 그녀의 집에서 두 달간 살 것이라며 교통비만 달라고 한다. 생활이 어렵겠지만 그러면 된다고 한다. 디자인으로 실력을 보여주겠다나.

그녀가 왔다. 폴란드와 독일식 말투를 섞어 영어로 말하는 그녀는 씩씩하다. 키가 커서 높은 사무실 파티션 위로 머리가 보이니 어디쯤 있는지 금세 알 수 있다. 아무도 일을 시키지 않아도 그녀는 혼자서도 잘한다. 이미지를 주지 않아도 인터넷에서 찾거나 이전에 자기가 작업한 것을 활용해 스스로 시안을 만든다.

그녀는 지금 런던에 있는 세계적인 광고대행사에서 디자이너로 일한다. 더 이상 인턴이 아니다. 레지던트쯤 됐을까? 우리나라 젊은이들과 비교하지 않을 수 없다. 똑같은 숙제를 누가 더 잘할까?

비올리탁이 준 교훈 : 말을 낳으면 제주도로 보내라. 아이를 낳으면 서울로 보내지 말고 딴 나라로 보내라.

63빌딩 대회의실. ㅁ자 모양으로 길게 생긴 탁자가 인상적이다. 너무 멀어서 실루엣만 보이는 광고주 회장은 머리가 하얀 프랑스인 할아버지다. 회의실 분위기가 매우 엄숙하다. 머리를 세어보니 족히 50명은 된다.

오늘은 그 회사의 기업광고 아이디어를 설명하는 날이다. 영어를 가장 잘하는 민 국장이 능숙하게 설명한다. 회장 할아버지는 온화해 보여 대충 넘어갈 것 같은데 의외로 질문이 많다. 하얀 얼굴이 갑자기 빨개지며 흥분해서 말하기도 한다. 그럭저럭 기획 아이디어는 통과됐다.

안도의 한숨을 쉬는 사이 갑자기 내 이름이 영어로 나온다. "다음은 저희 회사의 프로듀서, 미스터 정이 TV광고 스토리보드를 설명해 드리겠습니다." 민 국장의 우렁찬 목소리였다.

'뭐, 뭐, 뭐요? 제가 하라고요? 영어로요? 여기서요? 이 많은 사람들 앞에서요?'라고 속으로 소리쳤지만 이미 늦었다. 완벽한 정적. 그곳에 모인 모든 이의 고개가 일제히 나를 향했다. "엇, 저. 저. 전, 영어를……" 기어들어가는 목소리로 혼자 중얼대다가 정신 차려보니 이미 무대 위다.

멀리서도 잘 보이도록 크게 만든 스토리보드를 펼친다. 큰일이다. 어떻게 시작하지? 영어로 말은 못하지만, 『성문종합영어』는 여러 번 떼어 문법에는 자신 있다고 말해 볼까? 숙어는 좀 안다고 해볼까? 돌이켜보니 지금까지 영어로 말해서 먹고살리라고는 꿈에도 생각해 본 적이 없다.

"There are stars…in the sky…. eh…shining…. oh…stars shining…oh, no…stars are shining." 거의 명사만 이어 붙여서 가까스로 말을 이어간다. 단어가 생각나지 않으면 머릿속이 하얘진다. 설명하다 말고 우리말로 민 국장에게 묻는다.

겨우 끝마치고 나니 셔츠가 등에 완전히 밀착되어 내 피부 같은 느낌이다. 어쨌든 아이디어는 팔았다. 와, 성공이다! 뜻이 있는 곳에 길이 있다. 브로큰 잉글리시로도 아이디어를 팔 수 있다니! 21년 전의 일이다.

28 어디서든 누구 앞에서든 팔 수 있어야 한다

63빌딩의 교훈 : 이제 아이디어만 잘 팔 수 있는 시대는 지났다. 더듬거려도 영어로 팔 수 있게 연습해야 한다. 우리나라에 사는 모든 사람이 영어를 잘할 필요는 없다. 다만 비즈니스 현장에 있다면 내 아이디어를 영어로 어느 정도 자유롭게 이야기할 수 있어야 한다.

이제 영어가 권력인 시대다. 지금 이 시간에도 영어로 생산되는 세계 각국의 정보와 지식의 양은 엄청나다. 1997년, IMF와의 협상 때 우리가 영어를 잘 못해 억울하게 넘어간 부분이 많았다고 한다. FTA에서는 커뮤니케이션의 문제가 없을까?

외부에 아이디어 팔러 갈 때 챙길 것들

앞의 3가지 이야기는 모두 외부에 자기 아이디어를 파는 일에 관한 것이다. 회사나 조직 안에서 내 아이디어를 팔기는 상대적으로 쉽다. 그러나 외부에 팔기 위해서는 더 세심한 준비가 필요하다. 외부에 아이디어를 팔러 가는가? 그렇다면 가기 전에 반드시 점검해야 할 것이 있다.

바로 '펀 팩터(fun factor)'다. 오늘 외부고객에게 프레젠테이션 할 내용에 과연 재미있는 요소가 있는가를 점검해야 한다. 15초밖에 안 되는 TV광고도 재미없으면 채널이 자동으로 돌아간다. 2~3초 동안 흐르는 첫 장면을 보고 바로 결정한다. 재미있으면 보고, 아니면 돌아가고.

그러니 짧게는 20분에서 길게는 1시간 정도 진행되는 프레젠테이션이 재미가 없다면 누가 듣겠는가? 여기서 '재미'는 코믹하거나 유머러

스한 내용만을 말하는 것이 아니다. '그것 참 재미있네!'라며 귀 기울여 들어줄 만한 콘셉트인가를 최종적으로 점검해 보라는 이야기다. 가장 쉬운 방법은 청중과 입장을 바꾸어 생각해 보는 것이다. 내게 특별히 나쁜 감정은 없지만, 그렇다고 우호적이지도 않은 청중의 입장에서 내 아이디어를 들어보라.

그동안의 수많은 실수에서 얻은 최종 점검사항을 몇 가지 소개한다. 챙기느라고 챙겼지만, 꼭 한두 가지를 빼먹게 된다. 데이트하러 나갈 때의 준비사항과 똑같다.

회사 소개용 크리덴셜 또는 브로셔

가장 최근에 업데이트한 것을 준비한다. CD나 DVD가 편리하지만, 실제로는 잘 정리된 미니 책자가 더 낫다. 업데이트를 자주할 부분은 카드식으로 만들면 좋다. 받는 이의 반응에 대해 크게 기대하지 마라. 재미있는 영화나 야동 CD도 아닌데 다시 볼 것 같은가?

제안하는 아이디어를 한마디로 말해 보았는가?

짐 싸기 전에 한 번 더 점검하라. 너무 늦은 시간은 없다. 가면서 차 안에서라도 대답을 준비해야 한다. "내가 왜 이 아이디어를 사야 하죠?(Why should I buy this?)"라는 질문에 대한 명쾌한 대답을 준비하라. 생각보다 자주 묻는 질문이다. 또한 생각보다 대답하기 힘든 질문이다.

슬라이드 쇼 점검

크고 굵은 글자체를 이용하여 잘 읽을 수 있게 하라. 가독성이 떨어지면 읽기를 포기한다. 쓸데없이 심심해서 넣은 이미지는 없는가? 특별히 감동적인 것이 아니라면 빼라. 그런 것을 뱀파이어 비주얼이라 한다. 동영상을 점검하라. 적합한 코덱이 설치되어 있는가? 회사에서는 잘됐는데, 왜 안 되는지 모르겠다고 말할 때는 이미 늦는다. 자신 없으면 링크 걸지 말고 다른 폴더에 담아둬라.

이젤

보드가 있다면 꼭 챙겨야 한다. 이젤이 없어 누군가가 들고 서 있으면 그 모습이 우스꽝스러워 그 사람에게로 주의가 분산된다.

각종 기기들

노트북, 스피커, 각종 케이블(전원용 연장선, 프로젝터 연결선, 오디오 연결선 등) 등이 제대로 작동하는지 점검한다. 레이저 포인트는 되도록 쓰지 않는 것이 좋다.

굳이 쓴다면 손 떨림에 주의해야 한다. 들고 열심히 설명하다 보면 자신도 모르는 사이에 마구 움직이게 된다. 강조하려고 스크린의 어느 부분을 가리켰다가 마치 쥐불놀이하듯 계속 원을 그리며 돌리는 수도 있다. 보는 이는 몹시 어지럽다.

프레젠테이션 내용을 담은 책자

반드시 프레젠테이션이 끝난 뒤 나눠줄 것. 미리 주면 이야기는 하나도 안 듣고 미리 다 읽어버린다. 그리고 딴 짓 한다.

선물이나 기념품

물자 공급 과잉 시대다. 유치하고 너무 싸 보이는 물건은 차라리 안 주는 게 낫다. 예뻐서 하나 더 달라고 할 물건을 준비하자. 최근에 잘 포장한 속살까지 까만 색연필 두 자루를 받았는데, 깔끔하고 좋은 인상을 얻었다.

명함

충분히 챙기자. 말로 소개하고 악수만 나누면 나중에 절대 기억하지 못한다. 또 명함을 받았을 때는 힐끗 보고 대충 주머니에 집어넣어서는 안 된다. 회의하는 동안 탁자 위에 잘 올려놓았다가 끝나면 집어넣는 것이 좋다. 처음 받은 명함에 상대에 대한 느낌과 모든 디테일을 깨알같이 적어둔 일본인을 본 적 있다. 활용하면 유용할 듯. 받은 명함을 절대로 탁자에 그냥 놓고 오지 말아야 한다.

용모 점검

남자라면 구두와 넥타이의 청결 상태, 바지 지퍼, 머리 모양, 안경 등을 확인한다. 여자라면 걸을 때 소리가 심한 구두는 피하고, 블라우스의 단추 상태, 눈길 뺏는 과도한 액세서리 등을 확인한다.

구강 청정제 혹은 추잉검

준비했다가 모든 팀원들에게 나누어줘라.

스티브 잡스에게 배우는
프레젠테이션 노하우 10가지

프레젠테이션의 귀재라는 애칭답게 스티브 잡스는 무대에서 늘 자신감이 넘친다. 무엇보다도 눈에 들어오는 것은 깔끔한 슬라이드다. 슬라이드 쇼에 담는 정보와 시각 자료가 그렇게 단순할 수가 없다.

1 화제를 제시하라

'맥북 에어'의 발표회. "오늘 '공중(air)'에 뭔가가 있습니다"라며 말문을 열었다. '공중', 즉 '에어(air)'라는 단어를 서두에 써서 곧 소개할 '맥북 에어'를 미리 소개한 것이다.

2 열정을 표출하라

『비즈니스위크』는 그의 프레젠테이션을 듣고 "청중이 졸지 않고 설명회에 빠져들게 하기 위해서는 그런 열정을 표출해야 한다"라고 했다.

3 윤곽을 보여줘라

본격적인 설명에 들어가기 전에, 그는 먼저 오늘 무슨 이야기를 할지 분명히 전달한다. 예를 들어 "오늘 제가 말씀드리고 싶은 것은 4가지입니다"라는 식으로 시작한다.

4 숫자를 의미 있게 활용하라

아이폰이 출시 이후 400만 개 팔렸다는 이야기를 하면서 "하루 평균, 2만 개꼴"이라고 덧붙였다. '400만 개'라는 숫자는 보통 사람들에게 의미가 없다. 비교치가 없기 때문이다.

5 잊지 못할 순간을 선사하라

세상에서 가장 얇은 노트북을 소개하기 위해 그는 마술사처럼 들고 있던 서류 봉투에서 맥북 에어를 천천히 꺼내며 보여주었다. 굳이 "서류보다 얇은 노트북이에요"라고 설명할 필요가 없다는 것을 이미 깨닫고 있었던 것이다.

6 시각 자료를 극대화하라

문자를 최소한으로 줄이고, 우선 이미지를 제시한다. 문자는 사진에 대한 설명처럼 붙는다. 청중이 슬라이드에서 읽을 것은 아무것도 없다.

7 쇼처럼 하라

영상과 모의 테스트 등을 곁들여 마치 쇼를 보는 듯한 착각을 불러일으킨다.

8 작은 실수는 잊어라

아무리 준비를 잘해도 실수는 생긴다. 실수를 하면 여유 있게 웃으면서 농담으로 넘긴다.

9 장점을 팔아라

그는 제품이나 서비스의 장점을 잘 전달하는 것으로 유명하다. 아니면 프레젠테이션에서 무슨 이야기를 하겠는가?

10 연습만이 살길이다

세상에 거저 얻는 것은 없다. 연습하고 또 연습해야 프레젠테이션을 성공적으로 마칠 수 있다.

스매싱

초판 1쇄 2010년 1월 30일
초판 6쇄 2015년 11월 10일

지은이 | 정상수
펴낸이 | 송영석

편집장 | 이진숙 · 이혜진
기획편집 | 차재호 · 정진라
외서기획 | 박수진
디자인 | 박윤정 · 박새로미
마케팅 | 이종우 · 한명회 · 김유종
관리 | 송우석 · 황규성 · 전지연 · 황지현

펴낸곳 | (株)해냄출판사
등록번호 | 제10-229호
등록일자 | 1988년 5월 11일

04042 서울시 마포구 잔다리로30 해냄빌딩 5 · 6층
대표전화 | 326-1600 **팩스** | 326-1624
홈페이지 | www.hainaim.com

ISBN 978-89-7337-923-1